Luiz Rufino

PONTA-CABEÇA

educação, jogo de corpo e outras mandingas

Copyright © Luiz Rufino.
Todos os direitos desta edição reservados
à MV Serviços e Editora Ltda.

REVISÃO
Natalia von Korsch

ILUSTRAÇÃO (CAPA)
Camila Pizzolotto

PROJETO GRÁFICO
Patrícia Oliveira

CIP-BRASIL. CATALOGAÇÃO NA PUBLICAÇÃO
SINDICATO NACIONAL DOS EDITORES DE LIVROS, RJ
Bibliotecária Meri Gleice de Souza — CRB 7/6439

R865p

    Rufino, Luiz
    Ponta-cabeça: educação, jogo de corpo e outras mandingas / Luiz Rufino. – 1. ed. – Rio de Janeiro: Mórula, 2023.
    108 p. ; 19 cm.

    Inclui bibliografia
    ISBN 978-65-81315-69-6

    1. Educação – Aspectos sociais. 2. Educação multicultural. 3. Capoeira – Aspectos sociais. I. Título.

23-84715   CDD: 370.117
                                  CDU: 37.014.53

Rua Teotônio Regadas 26 sala 904
20021_360 _ Lapa _ Rio de Janeiro _ RJ
www.morula.com.br _ contato@morula.com.br
morulaeditorial   morula_editorial

*Para as educadoras do Brasil;
Para os corpos vadios, devotos
da alegria e artífices da cisma;
Para Elegbara, Eleguá. Agô,
dono da força, senhor dos
caminhos, menino travesso.
Laroyê!*

SUMÁRIO

Mudança de eixo — 7

Ponta-cabeça — 12

Educação mais que humana — aprender com as folhas — 22

Sambaqui — 37

Gramática Telúrica — 56

Educação como fundamento corporal e prática mandingueira — 75

Era eu, era meu mano, era meu mano e era eu — 87

REFERÊNCIAS — 101

Mudança de eixo

Solta a mandinga aí, solta a mandinga,
solta a mandinga aí capoeira, solta a mandinga

A motivação para a escrita deste livro surgiu daquilo que a educação nos chama para encarar e se embolar em um inacabado jogo de corpo. Essa embolada se dá com a vida, os cotidianos, suas invenções e as intermináveis formas de fazer. Tenho perseguido a ideia de que no Brasil uma das principais tarefas da educação é a descolonização. Dessa forma, se a lógica colonial se instalou e permanece entre nós como um modo de escolarização ao mesmo tempo acontecem outros processos educativos que contrariam o modelo que se quer único. Esses processos podem e devem ser lidos como repertórios poéticos/políticos/éticos/estéticos que confluem na tessitura de pedagogias descoloniais.

A educação como prática de liberdade, amorosidade[1], veneno e remédio[2] é uma força vivaz, espiritualidade plantada nos ritos e memórias comunitárias, regada pelos velhos e novos que garantem e sustentam

---

[1] Ver Freire (2014) e hooks (2017).
[2] Ver Rufino (2021).

o roçado da aldeia. Sua intimidade com a vida faz com que ela seja uma ação responsável e plural. Comprometida com os encontros e afetos, a educação não exclui o conflito, pelo contrário, o toma como impulso para saltar, gingar e se presentificar como corpo em defesa da comunidade. Tendo como recorte a leitura do Brasil a partir do início da guerra colonial, temos os dois aspectos, vida e comunidade, sendo sistematicamente violentados ao longo do tempo.

A redução da concepção de vida a partir de um padrão dominante de ser/saber/poder tem aquebrantado a educação. Por isso, por aqui tem se mantido a ladainha da educação como uma promessa de salvação individual. Salvação em um modelo de sociedade fraturada e ainda subordinada pelo contínuo colonial. Educação está atrelada a diversidade, assim, tomá-la como descolonização implica em uma certa astúcia do jogo de corpo. A educação balanceia para não ser capturada, **bota a mão, tira o pé, tira o pé, bota a mão**[3], baixa ao pé do berimbau e canta as cismas, dribles, esquivas, rodopios, mandingas, fechamento de corpo e tantas outras formas de fazer que nos

---

[3] Ao longo dos textos dialogarei com diferentes versos entoados nas rodas de capoeira. Os chamados "cantos corridos" são geralmente perguntas e respostas, ou quadras, que estabelecem interlocução com o jogo. Cabe destacar que os versos também jogam, assim fazem parte do saber corporal (Tavares, 2020) da capoeira. Essa dinâmica é comum em outras práticas de saber afrodiaspóricas.

mantêm atentos ao jogo, prontos para caçar os vazios e destronar aquilo que se quer único.

A descolonização, assim como a educação, são práticas. Promessa e salvação quem empenhou foi esse modelo, moral e espiritualmente indefensável[4]. Sendo práticas jogam de corpo inteiro, **práticateoriaprática**[5], e em **relação**[6], **jogo de dentro, jogo de fora**[7], o que faz com que ambas sejam disponibilidades filosóficas para o trato dos problemas da vida, suas belezas e batalhas. Em outras palavras, educação como descolonização é uma espécie de capoeiragem, dá um passa-pé[8] em quem pensa só com a cabeça. Se a condição do colonizado é vacilante[9], pois é subordinado a um padrão que lhe incutiu o desvio existencial, a sua emergência/inscrição como liberdade se faz em ginga, **ser em ginga**[10]. O jogo aqui é catar a educação naquilo que geralmente não se reconhece como a sendo, nas interlocuções e nos saberes que a tecem no mundo, mas que têm sido alvejados pelo quebranto posto pelo olho grande colonial.

---

[4] Menção ao pensamento de Césarie (2008).
[5] Ver Alves (2008).
[6] Ver Glissant (2021).
[7] Canto corrido.
[8] Movimento próprio da capoeira utilizado para desestabilizar o jogador.
[9] O termo vacilante é aqui empregado com o sentido de ambivalente.
[10] Ver Peçanha (Mestre Cobra Mansa), Oliveira e Rufino (2018).

Por isso, ponta-cabeça. Outro arranjo, um jeito que o corpo dá, virada, mudança de eixo e relação com o que se passa na roda mundo. Virar ponta-cabeça, a famosa bananeira, como é conhecida no jogo da capoeira e nas brincadeiras infantis, invoca mais uma vez o caráter duplo da educação. Se antes a folha foi cantada[11] para macerar a educação como remédio e veneno, agora o corpo vai ao jogo, campo de batalha e de mandinga. **Capoeira é defesa e ataque, é ginga de corpo, é malandragem...** virando ponta-cabeça, a educação é invocada aqui em sua face dupla — brinquedo e batalha. Face essa que acentua o corpo como um de seus fundamentos.

As palavras aqui cantadas baixam no texto para formar a roda. Cada uma delas é corpo, ritmo, risca o chão, faz o rito, brincadeira e jogo. Se a educação é lida como um fundamento corporal, é com ela que jogamos nessa roda, em que as pernadas vão se dando entre plantas, quintais, mortos, sambaquis, sertões, avós, crianças, cantigas, matas, mistérios, memórias e saberes diversos. Cabe destacar que a expressão "ponta-cabeça" aqui apresentada se inspira, primeiramente, no jogo da capoeira, mas dialoga com a proposição de Nilda Alves (2008), que aponta o "virar ponta-cabeça" como um dos movimentos a serem feitos no reconhecimento dos limites postos pela

---

[11] Menção ao livro "Vence-demanda: educação e descolonização" (Rufino, 2021).

modernidade e na emergência de traçarmos outras possibilidades epistêmicas. Essas outras possibilidades não excluem aquelas que estão postas, as chamam para o jogo, para outros maneiras de **fazerpensar** a educação e seus cotidianos.

Vamos vadiar, vamos vadiar, vamos vadiar, olha vamos vadiar...

Ponta-cabeça

É defesa e ataque, é ginga de corpo, é malandragem
[VERSO DE CAPOEIRA]

Iê, vamos se embora!!! Iê, vamos se embora, camará... estamos na roda, eu e você, baixados ao pé do berimbau. Por aqui, estão tantas outras e outros que fazem a roda não ter fim. Roda é feito um pião, que em cada giro emenda o seu início no fim e faz do fim um novo início. A questão é: como sairemos para o jogo? Sair para o jogo já é jogo, afinal a brincadeira tem início antes mesmo de começar. Por isso, eu sairei manso, escondendo os movimentos para quando menos esperar saltar em cima de ti. Sabe a bananeira? Aquela brincadeira de virar ponta-cabeça de inocente não tem nada. Virar ponta-cabeça para se sentir todo, ver o mundo de outro jeito, brincar, jogar e manter o pé na altura da boca dos desavisados que esqueceram que tudo precisa de um corpo, que é o corpo o lugar da experiência de liberdade.

Vai você, vai você! Dona Maria como vai você! Joga comigo que eu quero aprender... Faremos assim, bendiremos o chão, benzeremos o corpo contra o quebranto. Eu gingarei para que não me pegue e gingarei para te pegar. Em outra lua cantei a folha que a educação pode ser remédio e veneno[12], cura e batalha, a tarefa agora é saravar[13] o corpo, o chão, e se lançar como brinquedo de guerra para espantar a má sorte daqueles que vagueiam no mundo decapitados. Se a principal tarefa da educação é romper com os padrões impostos por um modo de dominação, como ela se fará? Essa é a pergunta confiada e que nutre as reflexões aqui apresentadas. A aposta é que ela se faz com o corpo, pelo corpo, no corpo, o inscrevendo como saber, comunidade, memória, encanto, arma e brinquedo[14].

Entretanto, qual é o lugar do corpo na educação? Qual o lugar de tudo que é vivo na educação? A pergunta que nos toma para escavar nossas memórias e sensações revelará uma peleja entre alegrias e dores, por reconhecermos, via experiências, que o lugar do corpo na educação remonta a um amplo investimento da agenda dominante em propagar sua política contrária à vida por meio de um sofisticado repertório de violências que terão como primeiro lugar de ataque o território corporal. Dessa maneira, é no corpo, principalmente dos não ajustáveis aos padrões

---

[12] Ver Rufino (2021).
[13] Saudar o corpo.
[14] A noção do corpo e de seus jogos em dimensões de batalha e ludicidade, arma e brinquedo é comum na cultura da capoeira.

dominantes, que se investe as práticas de terror, precarização, humilhação e assassinato.

Com base nesse argumento entendemos que a palavra educação, surrupiada por um projeto político e usada para designar a escolarização de seu modelo, irá comungar dos pressupostos e preceitos que investirão nas violências, regulações, hierarquizações, vigilâncias e no desencantamento do corpo. Com os alicerces fincados em racismo, sexismo, antropocentrismo, catequese, adultocentrismo, desmantelo cognitivo, destruição comunitária, desarranjo das memórias, consumo, descarte e utilitarismo da vida, o padrão dominante de escolarização no Brasil se firma na gerência de um modelo de sociedade contrário à vida como experiência de liberdade.

A aposta política, poética (epistêmica) e pedagógica que faço — por isso, virar ponta-cabeça — é que a educação é um fundamento corporal. Ou seja, aquilo que não respeita a diversidade e a singularidade das diferentes formas de ser e saber expressas nos/dos/com (os) corpos é uma má sorte (quebranto) que pratica uma espécie de grilagem da educação para manter sua toada monocultural. A educação, sendo um fenômeno radicalizado na vida, se expressa como ato responsável, dialógico, inventivo, caótico, inconcluso, e passa pelos mais diferentes suportes que encarnam a vida. Assim, se o problema educativo é também uma questão da ordem do ato, é no corpo que irá se expressar como textualidade e tessitura (processo). Por isso, a educação, ao contrário de ser um sistema monológico, como é o desejo de muitos, é em seu caráter fundante um sistema imunológico, pois resguarda, vitaliza os seres e os possibilita coexistirem em suas diferenças.

Se a educação é um termo em disputa no contexto de uma guerra inacabada, contínuo colonial, a que estamos submetidos, ela tentará ser capturada para fazer valer a aplicação da agenda curricular dominante. Virando ponta-cabeça, desautorizando qualquer forma de captura e controle, ela se revelará como o lugar de produção de contra-ataques a esse modelo. Como radical da vida assentado no corpo, ela perseguirá incessantemente a liberdade, que no movimento da roda se expressa como ginga, esquiva e uma intensa caçada pelos vazios para neles inscrever presença. Se nada escapa da educação, se ela acontece dentro e fora dos espaços escolares, é no corpo que ela baixa para se performar como ato. O corpo é o núcleo que dá o tom de sua pulsação, faz e refaz de forma inacabada os contornos e conflitos dessa travessia. O corpo é o próprio chão, montagem e montaria da educação. É ele que faz com que ela seja um acontecimento comum aos viventes e que cada ser risque de maneira singular o viver na relação com o todo.

A educação como prática de liberdade demanda que o corpo assuma o protagonismo no processo educativo. E esta, em uma sociedade como a brasileira, em que há a vigência de políticas de terror, violência, humilhação e regulação do corpo, é a principal batalha a ser dada. O corpo chão, montagem e montaria da educação, reivindica que a presença seja um constante exercício de confiar responsabilidade ao que nos atravessa. Por isso, chamo para o jogo, para a roda, para catarmos a educação em tudo, nos embolarmos, para fazer finta, graça, quizumba, sentir agonia, espanto, soprar no vento e riscar na terra sentidos que se embrenhem no ritmo e se expressem como movimento em algum canto desse mundo.

Quando partilho da cisma educadora que me move não titubeio e salto para apontar a rasteira, a cabeçada, e até mesmo cuspir palavras de força contra o modelo utilitário, bancário, "redentor" e firmar no chão desse lugar que a educação é uma batalha por liberdade e semeadura de esperança por um mundo mais justo. Nesse tom, o que é vendido como educação, mas não comunga de respeito e responsabilidade com a vida, é somente um transgênico plantado na escassez da monocultura desse latifúndio.

A brincadeira aqui é virar ponta-cabeça. Com as mãos no chão, quadril em molejo e pernas para o ar observaremos as funduras de onde temos pisado, mudaremos maneiras de observar, e por meio de um corpo que brinca, mas pode também contra-atacar, defenderei a educação como fundamento corporal, processo que se tece na relação com humanos, mais que humanos e invenção cotidiana plantada no chão. Apontarei aqui algumas ideias guardadas no patuá da esperança, que, alinhavadas ao debate sobre a educação no Brasil e fiadas nas muitas experiências de nossa gente, podem trilhar caminhos mais responsáveis e implicados com a justiça social e cognitiva. Tendo como base uma filosofia da educação riscada em modos rueiros, brincantes, ecológicos e encantados por inúmeras sabedorias que cruzam o solo desse lugar, apostarei em uma educação firmada em quatro cantos. Cada canto uma toada, movimento para sentir, fazer e pensar as práticas educativas. Esses quatro cantos são a educação como fenômeno mais que humano, gramática telúrica, fundamento corporal e prática mandingueira.

O fundamento que rege a encruzilhada é o mesmo que institui vida e força criativa aos corpos que por ela passam. Contrário às obsessões que rumam por caminhos retos, é na ênfase do corpo, de seus saberes e relações que perspectivo uma experiência educadora que confronte a dominação imposta por aqui. Por isso, devemos assumir o corpo como tempo/espaço de conhecimento, investigação de mundo e roçado de esperanças. Virar ponta-cabeça não disponibiliza um método ou uma técnica para que a escola trate a questão corporal dentro daquilo que ela já é, já se estabeleceu nesse modelo de sociedade. Virar ponta-cabeça é, literalmente, um jogo de corpo com a educação e com a escola. Como diriam os velhos capoeiras, uma espécie de defesa, ataque, ginga e malandragem. No mais, quem tem corpo que o faça, entre nessa roda.

A educação é um radical de vida e é via corpo que ela se faz. Entretanto, salta uma questão: quais são as experiências educativas possíveis em um mundo que vigia, violenta, vulgariza, vela e amortalha o corpo? Como é perspectivar uma educação como prática de liberdade diante da toada de quebranto imposta cotidianamente que prega por todos os cantos que o **corpo não te pertence**? A minha aposta está nas pontas da espiral que junta velhos e crianças, avós do mundo e seus netos, aqueles que trazem as novidades do céu[15]. A aposta está na filosofia pastiniana de que o corpo **tudo dá**. Assim, nesse jogo é o corpo que faz a educação em um arranjo constante, pendulado e inacabado entre brincadeira e batalha. Em outras palavras, como muito bem definido pelos capoeiras, uma espécie de brinquedo de guerra.

A educação como fundamento corporal traz a brincadeira como mote, em especial confrontando a limitação daqueles que a observam destituída de seriedade ou rigor teórico-metodológico. A brincadeira se expressa como a inscrição máxima de uma vida não utilitária, por isso ela é intima dos sonhos e artífice das esperanças. Para pensá-la, a aposta está em um Brasil que não é o vestido pela corrupção dos machos adeptos

---

[15] Menção à narrativa cosmológica dos povos Desana do Alto Rio Negro em diálogo com o pensamento da educadora Lydia Hortélio e de Machado de Assis.

à imposição do berro[16]. A brincadeira como sapiência do corpo, das memórias ancestrais e políticas comunitárias está a ser trançada cotidianamente nas práticas culturais emergentes dos contextos populares.

Dessa maneira, emergem aspectos brincantes dos mais diferentes tempos e espaços que rompem com qualquer dicotomia imposta na experiência do brincar. A brincadeira se expressa como linguagem comunitária que diz acerca não meramente das formas, mas das existências como um todo e suas confluências. Brincar é um imperativo da vida e se faz e refaz de maneira diversa, é como um drible que reposiciona a vida em um lugar não capturado pela lógica dominante da produção e de seus sentidos utilitários. O brincar se faz como emergência de movimentos, tempos e espaços não dominados por uma lógica bancária. Assim, se inscreve brincadeira com tudo que o corpo dá, seja esse corpo humano ou mais que humano. A brincadeira como linguagem e disponibilidade para a ritualização da vida se faz com movimentos, sons, ritmo, pedras, folhas, quintais, chuva, formigas, flores, mata, rio, mar, e gente.

No que tange aos diálogos entre corpo e educação, a brincadeira se inscreve como prática/saber/tempo/espaço privilegiado para investigar as maneiras com que os corpos têm transitado e inventado formas

---

[16] A palavra berro é aqui empregada como expressão popular que se refere à arma de fogo.

de cuidado, proteção comunitária e transmissão de saberes. A brincadeira assume caráter tático nas políticas de vida[17], ou seja, ela não é esvaziada de sentido por não se encaixar nos padrões de um mundo obcecado pela produção, pelo consumo e pela utilidade das coisas. Ao contrário, o seu principal sentido — e sua força política — é driblar essa lógica experimentando alegria, amizade, peleja, jogo, drama, mistério, curiosidade, imaginação e o destrave do corpo.

A brincadeira é o que nos possibilita virar ponta-cabeça e assumir o corpo em sua integralidade, credibilizando suas dimensões enquanto memória, comunidade, tempo, chão e inventividade. Se a dominação colonial tem o território corporal como primeiro lugar de investida de suas violências, será via esse mesmo chão que emergirão as práticas de saber contrárias a esse padrão. A força guerreira do corpo como agente de descolonização se faz em um repertório infinito de práticas que podem performar uma, duas ou mais coisas ao mesmo tempo. Daí a dimensão da brincadeira como uma prática mandingueira, o corpo em movimento contínuo, inacabado, que não se permite capturar e fixar em uma única coisa e tornar a convocar o outro para a relação, para o jogo.

Aqui se desenha uma das principais defesas da interface corpo e educação, o processo educativo como um interminável jogo de corpo, uma espécie

---

[17] Ver Simas e Rufino (2020).

de capoeiragem infinita que jogamos com a vida e com tudo que passa por ela. Esse jogo não é uma metáfora, mas uma experiência. O processo educativo é táctil, poroso, rítmico, permeado por tudo que o corpo dá, sente, guarda e transmuta. Por isso, os processos educativos, como circulação de experiências e conhecimentos, não é meramente uma travessia no mundo das ideias, mas um jogo feito com pernadas, ginga, risos, valentia, negaças, fintas, versos, esbarrões e outras variadas formas de drible e aconchego.

Vamos para o jogo. Me resguardo com folhas e alegria vadia para de ponta-cabeça ler o que escreveram na fundura desse chão. Nesse jogo seremos eu e você, entrando e saindo, em cima e embaixo, pendulando pelas palavras encarnadas com suor, folia, cisma e peleja. Na roda em si há um tanto de vida que compra a brincadeira. Se ninguém passa ileso pela educação, o que faremos com ela? Minha proposta é brincar feito jogo de roda para fazer dela uma permanente reafirmação da vida. Reafirmar a vida demanda corpos vibrantes que se disponibilizem virar ponta-cabeça, sem medo de cair, criando intimidade das mãos com o chão, encaixando a cintura no molejo e o pé na altura das bocas que só sabem berrar.

Vai você, vai você... joga comigo que eu quero aprender...

Educação mais que humana — aprender com as folhas

Abêedê euê a Abêedê umbó ê a bêedê,
Abêedê euê a Abêedê umbó ê a bêedê

[CANTO PARA OSSAIN]

Nós entendemos as folhas, nós entendemos e cultuamos.
Nós entendemos, nós entendemos as folhas,
nós entendemos e cultuamos, nós entendemos

Educação é um fundamento da vida e vivo, no corpo e em tudo que ele pode dar, principalmente enquanto brincadeira, cisma, alegria, amor, fúria, desafio e sonho. É assim que ela acontece de maneira livre, dialógica e ecológica. Perseguindo experiências educativas que tenham liberdade, esperança, amorosidade, respeito e responsabilidade com as diferenças é que avanço nas apostas de disputá-la como um jeito vadio, que ginga entre batalha, cura, e enfeitiça as demandas de seus praticantes. Considerando que viver implica práticas comunitárias e que esses modos fazem uso de gramáticas mais amplas do que aquilo que vem sendo apresentado nos últimos tempos, avanço na proposição de tratar a educação como fenômeno mais que humano.

É comum nos cursos de formação de professoras, na literatura utilizada e mesmo nas produções mais recentes da área da educação a afirmação da educação como fenômeno humano. Dessa maneira, as menções sobre a experiência, o fazer educativo e a aprendizagem têm elegido nossos pares como os protagonistas desses processos. Perseguindo a trilha da educação como tarefa de descolonização[18], a lendo a partir da crítica ao modelo dominante de ser e saber legado pelo contínuo colonial e em diálogo com diferentes comunidades e sabedorias da margem de cá do Atlântico, em especial do Brasil, percebo que a educação está disponível e acontece em uma dimensão ampla da vida. Dessa maneira, ela acontece também em diferentes experimentações, interações e diálogos para além do humano. Tendo como trilha essas múltiplas formas, venho defender o alargamento da questão educativa e da investigação de seu fenômeno para sentidos e diálogos amplos que desloquem os humanos como únicos praticantes de seus processos e os reposicionem de forma ecológica diante do problema.

A pergunta "como se aprende?" tem me acompanhado em diferentes fases e relações com a experiência

---

[18] Ver Rufino (2021).

educadora, tem sido lançada em contextos diversos, e as respostas colhidas são as mais variadas possíveis. Ouvi mestre da capoeiragem, senhora rezadeira, vaqueiro, pescador, jongueira, povo de terreiro, lavrador, criança, velho contador de história, erveira e mais um punhado de gente que não costuma ter suas experiências credibilizadas como conhecimento e suas práticas como detentoras de autoria, teoria e método, em destaque o que tange à educação e às suas formas de **aprenderensinaraprender**[19]. Nessas experiências citadas é recorrente a menção da relação e do diálogo com não humanos como parte relevante dos processos educativos.

Mestre João Grande, ao ser perguntado de onde vinha o saber da capoeira, foi categórico: **o saber vem da natureza e de como conversamos com ela**. O cenário onde essa conversa se deu foi o salão nobre do Colégio Pedro II, no Centro da cidade do Rio de Janeiro. O salão decorado com os nomes de grandes personalidades da ciência e da filosofia ocidental foi convocado a jogar com a memória do mestre que nos dizia como aprendeu capoeira na relação entre humanos e não humanos. Mestre João Grande narrou que parte da sua aprendizagem com a capoeira se deu com mestres da cultura, mas continuou sendo experimentada no diálogo com seres não humanos, como mato, bichos e vento.

Um vaqueiro da região do pé da Serra da Ibiapaba, no Ceará, me contou sobre como tudo o que se pode

---

[19] Ver Oliveira e Alves (2008).

aprender sobre gado e gente está escrito na terra, no chão. A capacidade de escavar o chão como textualidade é o que permite ao vaqueiro escarafunchar os mistérios da lida com o gado e a gente. Desdobrei a pergunta: *mas quem ensina a vocês... é a terra?* Ele me lascou a resposta feito um laço: *seu moço, ensinar ela não ensina, mas a gente aprende. A gente aprende no gosto de conviver com ela.*

Um lavrador da mesma região, ao ser questionado sobre como se aprende a fazer uma roça, disse: *a roça se faz com ela. Quem diz que roçado é só de um jeito se engana, pois a própria roça ensina como tem que ser o roçado. Entendeu, seu moço? O feijão tem uma personalidade, o milho tem outra. A macaxeira tem um gosto para o chão, diferente do feijão e do milho. Sem contar que quem faz a roça é o tempo, a estação. A gente que pega no pesado só dá uma força, mas são eles que fazem a roça acontecer.*

Os terreiros daqui confluem com as sabedorias da roça e do trato com o gado quando nos dizem que tudo é dotado de identidade e inteligência. Nos terreiros, as relações entre humanos e outros viventes compreendem uma ética da biointeração[20] em que viver plenamente em comunidade implica inúmeras aprendizagens que deslocam o pretenso lugar do humano como centralidade. Os processos educativos nos terreiros acontecem nas dinâmicas entre

---

[20] Ver Santos (2015).

corpo, mito e rito[21], dando destaque a uma dimensão do sentir, do fazer e do pensar como parte de uma escuta sensível que se faz integralmente. Escuta de pele, paladar, músculos, sonhos e transe. Nos terreiros se conversa com as folhas que, em enlace com o hálito, o ritmo e a confiança, alteram a experiência do ser. Conversa com fogo, o sopra para em forma de nuvem tocar o tempo. Conversa com bicho, se fia intimidade para ser um só, se soma vida e assim segue a itinerância do viver, que é aprender ser, sendo com a vida.

A educação roça com o corpo capacidades de sonho, indignação, brincadeira e cultivo da vida como algo inconcluso que demanda amizade, confiança, respeito e continuidade de atos comprometidos com os ciclos e relações. Seja no quintal do poeta pantaneiro, nas veredas do grande sertão, nos paralelepípedos que testemunharam folias de pés descalço ou na capacidade de Exu atravessar o tempo montado em uma pedra, há inúmeras educações que encruzam as esquinas e aprendizagens desse lugar chamado Brasil. Para a maior parte delas, a educação, o **aprenderensinaraprender** tramado entre arte e conhecimento, não é exclusividade do humano, mas uma experiência das relações entre o que é vivo[22].

A defesa por uma educação mais que humana se vincula à constatação de que aquilo que se tem

---

[21] Ver Oliveira (2012).
[22] Ver Simas e Rufino (2018).

reivindicado como educação centrada somente na experiência e no discurso dos ditos humanos tem reificado o padrão monológico e monorracional mantido pela dominação do ser e do saber da lógica do Ocidente europeu no curso da empreitada colonial. Nesse sentido, a circunscrição do problema educativo tratado somente nos limites das ciências humanas não se dispõe à escuta e ao diálogo com a diversidade de sabedorias e experiências educativas. Em outras palavras, o modelo de racionalidade dominante não desloca a questão do conhecimento para uma esfera mais que humana ou, como apontado em outros debates, não credibiliza a questão do conhecimento como parte também de uma ciência encantada[23].

A empreitada do Ocidente europeu por aqui marca a colonização como um modo político de contratualização da vida a partir de algumas inscrições, entre elas a dicotomia humano e natureza. Ao falarmos dos povos das florestas, os não branco-europeus, sejam os das bandas daqui ou de acolá[24], estamos a falar de existências que ao serem racializadas tiveram seus modos de conceber a vida, interagir e se organizar violentados pela imposição das métricas dominantes e comunitaricídas[25] de raça, racismo, gênero, patriarcado e dicotomia humano e natureza. No que tange à

---

[23] Ver Simas e Rufino (2018).
[24] Refiro-me às margens atlânticas do continente africano.
[25] Ver Grosfoguel (2018).

violência colonial, não há como não considerarmos essas dimensões sem que elas estejam em intersecção.

O racismo epistêmico e a colonialidade cosmogônica[26] são alguns dos fundamentos dessas contratualidades e revelam o modo sistemático de produção de violência com as comunidades que têm suas práticas de saber invalidadas, desautorizadas e subalternizadas por um padrão de ser e saber em que foram aprisionadas. No Brasil do final do século XIX e início do XX, personagens de destaque na política e na ciência nomeavam as práticas de saber de africanos e indígenas de animistas e fetichistas[27]. Essa nomeação fortalecia a perspectiva do racismo científico, que fixava esses grupos em condição de inferioridade e permanente produção de injustiça cognitiva, mesmo o modelo dominante sendo incapaz de acessar a complexidade e a sofisticação de seus modos de vida e práticas de saber.

A defesa de uma educação mais que humana assume três frentes estratégicas. As duas primeiras são a denúncia e o combate ao racismo epistêmico[28] e a colonialidade cosmogônica. A terceira se inspira nas contribuições de Freire (2014) para reivindicar a educação como uma constante busca pela vocação de **ser mais**. Dessa forma, se a compreensão dominante acerca do humano, como elaborado e mantido na

---

[26] Ver Walsh (2009).
[27] Ver Munanga (1999).
[28] Ver Grosfoguel (2018; 2016) e Gonzalez (2020).

esteira ocidentalizante, está impregnada de racismo epistêmico e colonialidade cosmogônica, a tarefa da educação é sermos **mais que humanos**. Essa tarefa pode vir a ser cumprida como práticas pedagógicas que estimulem escuta sensível e diálogo integral com as mais diferentes experiências comunitárias que se filiam a uma ética confluente e de biointeração (Santos, 2015; 2022).

Sobre biointeração recorro às proposições de Antônio Bispo dos Santos, que a pensa como um exercício de escuta, diálogo e relação profunda com as existências, sejam elas ditas humanas ou não. Nêgo Bispo elabora o conceito de biointeração a partir da experiência da roça de quilombo e dos ensinamentos das mestras e dos mestres de tradição. Nesse tom, biointeração se articula a outra categoria importante no pensamento de Bispo, que é a confluência. Para ele, tudo que compreende o que chamamos natureza ou, em suas palavras, tudo que é orgânico possui identidade, inteligência e espiritualidade que integra e organiza ecologicamente as dimensões da vida[29].

Saio da sala de aula e desço com pisadas mansas a rampa da faculdade, no caminho encontro poucas pessoas. Me aconchego na sombra de uma casa de palha erguida em um quintal, ao lado do pátio principal, e de longe vejo uma senhora entrar pelo portão lateral e ir na direção de um escondido pé de boldo. A faculdade tem

---

[29] Ver Santos (2022).

inúmeras plantas, jardins bem cuidados. Esses jardins tenho preferido chamar de quintal, adoro a ideia de um quintal que hospeda uma faculdade, me agarro nessa cisma. Por lá há pés de cacau, amora, goiaba, acerola, banana, coité, aroeira, pau d'água, cana do brejo, caruru, oriri, erva cidreira, bambu, formigas, borboletas, sabiás, sanhaços, pardais e gente que por ali passa.

Observo — ainda sou, até os dias de hoje, uma criança de quintal, essa marca não se apaga. Tenho o quintal como primeiro lugar de experimento e persigo a questão lançada pelo filósofo, que bendiz que os lugares em que brincamos são os chãos que nos firmam enquanto corpo e experiência[30]. Do quintal observo uma senhora, passo miúdo, mas ligeiro, que entra pelo portão lateral da faculdade e ruma na direção dos pés de boldo. Pronto, me atou. Parto em sua direção e, ainda distanciando, acompanho-a catar umas folhas e arrumá-las na palma de uma das mãos. Ela sai em direção ao portão principal para acessar a rua, aperto o passo, emparelho com ela e com a cara de pau que veste os curiosos mando de primeira: *essas folhas são boas para curar ressaca, não é?* Era minha aposta no auge daquela manhã de segunda-feira, assim boldo e ressaca se embrenhavam para parir um dedo de prosa.

Bom dia! É bom para a ressaca sim, moço, mas não é bom só para isso! Com a sensação de que as palavras

---

[30] Esse filósofo é Walter Benjamin.

se atariam para fazer caminho, acompanhei a senhora pela rua e, munido de uma única flecha, atirei: *a senhora me perdoe a intromissão, mas é bom mais para que essas folhas?* Dali em diante se abriu foi caminho para rumar a prosa. *Olha, seu moço, isso é bom para curar cansaço, mas é bom também para insônia. É bom para quem sofre de pressa, como também é bom para recuperar sonhos. Para tratar o esquecimento você apanha oito folhas dessas e coloca na fronha do travesseiro que o moço dorme que é uma beleza, chega a catar as lembranças de volta.*

Curar cansaço, bom para insônia, acalmar a pressa e recuperar sonhos. Em questões de segundos retornei para as aulas que tinha dado naquela manhã: a leitura do filósofo Byung-Chul Han (2017), ressaltando a auto exploração, o doping, o excesso de positividade e os infartos cerebrais como marcas da sociedade contemporânea; Ailton Krenak (2019) nos convocando a encarar a queda livre que vivemos com paraquedas coloridos e a contar histórias que alarguem subjetividades que adiem o fim que se apressa; Sidarta Ribeiro (2019) e a investigação dos sonhos como oráculo presente em nós que nos diz sobre nossas potências e histórias. Saltavam questões: por que a sociedade que padece de cansaço não lê a folha de boldo? Estaria ali uma das pistas de cuidado para as mazelas desse tempo inscrita na *ewé bàbá*? É possível que as folhas nos digam muito sobre como curar nossos males, entretanto há de saber despertá-las e fazer o preparo certo para que elas se tornem remédio.

Tive vontade de perguntar para aquela senhora se ela podia ensinar sobre as escritas do boldo, e, talvez, ela soubesse ler outras folhas que pudessem tecer diálogos com outras tantas leituras. Estava atento, respeitoso e responsável com o reconhecimento de que em um ambiente de aprendizagens cabem muitas escolas, bibliotecas, professoras e práticas de conhecimento, já que onde há vida, seja humana ou mais que humana, existe educação se trançando nas mais diferentes formas de interação. Nesse instante um estalo, o pássaro se empoleirou na cabeça do espírito da folha e falou em língua desconhecida, mas sentida por mim ali[31]: *a professora é a planta! A mestra é a planta. A senhora que a conhece e sabe acordá-la não é professora do segredo das folhas, mas uma estudante aplicada.*

A confluência como relação[32], trânsito e aprendizagem entre diferentes modos de experimentar a vida se estabelece também como parte de uma política do conhecimento, uma vez que consideramos que tudo que existe participa de maneira inteligente nesse enredamento chamado vida. Não é de hoje que há um amplo debate sobre os impactos de como o humano, elevado à condição de distinção e poder em relação aos outros seres, tem contribuído de forma acelerada para um desequilíbrio da vida no planeta. Esse desequilíbrio não deve ser medido somente pela ação dos

---

[31] Menção ao orixá Ossain.
[32] Enlaço diálogo entre Santos (2015) e Glissant (2021).

ditos humanos no chamado meio ambiente e entre si, mas deve ser considerado também pelo impacto na desertificação dos conhecimentos e das possíveis aprendizagens em relação à diversidade de saberes e diálogo com presenças mais que humanas.

Sendo pedagogo, atuando na pesquisa em educação e na formação de outras professoras e outros professores, tendo a admitir que é majoritário em nossa área a defesa da educação como fenômeno humano. Entretanto, munido da cisma curtida em outros contextos educativos, como ruas, esquinas, quintais, terreiros, rodas, folias, roças e florestas que compartilham de processos de aprendizagem com os mais diferentes seres, é que tensiono com a problematização de uma educação mais que humana. Esse deslocamento vai ao encontro das possibilidades de aprendizagens, confluindo com as mais diferentes maneiras de inscrição de vida no planeta.

Os povos que aqui estavam antes da instalação da empresa colonial, os povos que por aqui chegaram via diásporas produzidas pelas mais diversas formas de violência, esse mundo que uns insistem em plasmar como uma única coisa é para a maioria dos viventes uma confluência de muitos mundos que interagem e aprendem das mais diferentes formas. Dessa maneira, não é anormal a defesa de que por aqui se aprende com as florestas, os rios, os animais, os tempos, os mortos e com as mais diferentes maneiras de ritualizar a vida em comunidade, não somente humana, mas comunidade de viventes. Das aprendizagens das poesias de quintal, das memórias imantadas nos rios e montanhas das aldeias daqui, das narrativas contadas pelas bocas de búzios e sementes, quais são as possibilidades de compartilharmos experiências educativas que rasuram a métrica antropocêntrica e um modelo de escolarização contrário à diversidade? Essa é a pergunta que me mobiliza a instigá-los para uma educação mais que humana.

Instigar, caçar os vazios, drible, esquiva, pulo, deslocamento, negaça, ginga e palavra de força cantada para fechar o corpo contra qualquer olho grande e regime totalitário que queira nos capturar. Essas são as façanhas de um modo de educação que tem no corpo e na biointeração suas frentes de batalha, e por isso joga esse suporte em atitude mandingueira. Mas o que seria uma prática mandingueira na educação? Como em um jogo de capoeira que se inicia, mas nunca tem fim diante da circularidade da roda, uma prática mandingueira se faz na capacidade de inscrever com a presença e a itinerância no mundo mais perguntas do que respostas. Sendo um jogo inacabado, responder de maneira conclusiva não comunga do espírito da roda, por isso se reconhece o chão pisando devagar, virando ponta-cabeça, vislumbrando vários caminhos na brincadeira de fazer perguntas.

Tenho cismado que a força transformadora da educação como prática de liberdade é aquilo que mais se aproxima da linguagem/comunicação com as crianças, os quintais, as matas, as marés, as brincadeiras e as demais formas de ritualização da vida e do cotidiano em comunidade. Assim, a mandinga[33] como categoria conceitual está implicada na expansão dos saberes corporais como tática de não apreensão do ser por um regime totalitário. O que tenho dito e defendido é a emergência de um modo de educação que nos deseduque do cânone, e em seus giros, saltos e ginga reposicione o corpo para outras aprendizagens. Nesse sentido, essa prática mandingueira consiste em, nos cotidianos, caçar os vazios deixados pelo regime que se quer único e ali roçar esperanças com outras inscrições do ser e do saber.

Para rumar a prosa, firmo que a educação que batalha pela descolonização cruza corpo, biointeração, mandinga e escritas telúricas, tendo esse último ponto como a emergência da escavação e do manejo de memórias, narrativas e políticas plantadas nas margens daqui que historicamente foram e continuam a ser subordinadas por um padrão discursivo dominante. Nos cabe perguntarmos a nós mesmos e termos a humildade, a capacidade de tocar suavemente o chão, de aprender com aquilo que é mais que humano: qual é a política que a floresta faz? Diante da desertificação de experiências que provocamos nos cabe pedir licença para adentrar a mata e aprender um pouco de seus segredos.

---

[33] Ver Rufino (2019).

Contam os antigos que guardam os segredos de Ifá que Orunmilá, o senhor da sabedoria, ordenou que Ossain capinasse uma grande área verde para que ali ele pudesse fazer um único plantio. Ossain acolheu o pedido de Orunmilá, mas o alertou que em determinado lugar não poderia retirar as folhas, pois ali se encontrava o atimpola, a nossa erva-tostão, que era ótima para curar dores e inflamações. Orunmilá achou melhor manter aquela área intacta e pediu que Ossain fosse campinar do outro lado. Chegando lá, Ossain lhe disse que por ali se encontrava o mastruz, que é também conhecido como erva-de-santa-maria e que é ótimo para o fortalecimento do organismo. Orunmilá resolveu cultivar o mastruz e pediu que ele limpasse outra área. Chegando lá, Ossain o advertiu dizendo que por ali se encontravam tantas outras folhas que eram de suma importância e foi falando o caráter de cada uma delas. Orunmilá, sábio que é, entendeu que seria valioso aprender com Ossain, aprender a ouvir e despertar as folhas, aprender a aprender com elas sobre os mistérios profundos das matas e da vida. Os sabedores das histórias dos orixás, os estudantes dos segredos e mistérios de confluir com tudo que é vivo para bailar com ela em toda sua força e beleza, costumam dizer que sem folha não há orixá. Sem folha não há vida, sem vida não há educação.

Sambaqui

SAMBAQUI | *(derivado do Tupi, que significa monte de conchas) era um morro composto de empilhamento de areia, barro, conchas de moluscos, carapaças de crustáceos, ossos de peixes, aves e mamíferos. Era um local de sociabilidade, onde se guardavam os restos e os instrumentos utilizados para o preparo dos alimentos.*

[MUSEU VIVO DO SÃO BENTO]

A educação, para muitas pessoas, é sinônimo de escola, para outras é mais. Mesmo diante do empenho das más línguas em amortalhar a beleza das batalhas educadoras, o manejo se faz. Nessa peleja se mete o corpo no bailado do tempo e as aprendizagens acontecem ao se perseguir contornos diferentes, múltiplos e experimentais, acabamentos que na intimidade do processo reconhecem que não há chegada para além da travessia. A educação, entre suas inúmeras características, tem a capacidade de imantar força criativa, cismar com o saber, vadiar com as dúvidas, estimular a curiosidade, mobilizar o corpo, confluir as experiências, tecer sentimento e pertença comunitária.

Se a educação é um radical da vida, se seus processos compreendem relações ecológicas, mestras e professoras mais que humanas, cabe destacar que a experiência comunitária precede o modelo escolar dominante. Essa defesa não tem o intuito de colocar em oposição as noções de comunidade e escola. Entretanto, me interesso em problematizá-las. Tomo a virar ponta-cabeça e apontá-la para a terra, experimento um manejo de ideias, um roçado que cava memórias, planta história mirando a esperança de ser floresta. Tira dali, bota aqui, tira de lá, bota cá... um roçado que sustenta a defesa de que a principal tarefa educadora é a busca incessante por liberdade e que em nosso tempo essa tarefa implica investigar e estabelecer crítica contra as violências direcionadas aos modos comunitários oprimidos pela lógica colonial.

A colonização não se faz sem um amplo e sofisticado projeto escolarizante que tem como ação sistemática o extermínio, a subalternização e o desvio de inúmeras comunidades e suas práticas de saber. Encapsulamento do tempo, racismo, sexismo, catequese, hierarquização do conhecimento, colonização cosmogônica, assassinato de línguas maternas, estupro, tortura, escravidão e produção de esquecimento pavimentam o chão que sustenta as várias formas de violência direcionadas aos diferentes modos comunitários. Como nos sugere Grosfoguel (2018), a empreitada colonial/moderna-
-ocidental ergue seu modelo de sociedade em detrimento de um intenso comunitaricídio. Em outro ponto,

Antônio Bispo dos Santos (2015; 2022) nos convoca a pensar sobre como os modos confluentes e em biointeração, como os quilombos, se diferem da sociedade erguida pela lógica colonial para firmar sua identidade política em sentido comunitário.

Nêgo Bispo nos ensina que confluência e biointeração são noções implicadas nos modos de vida e práticas de saber dos grupos não cosmofóbicos. Assim, essas três noções encadeadas pelo sentir, pelo fazer e pelo pensar quilombola apontado pelo autor nos revelam experiências e relações que fazem da comunidade uma inscrição ecológica, trançada pela coexistência e pela interação de diferentes formas de vida, sejam elas humanas ou mais que humanas. Em capoeiragem com o sociólogo e o mestre, leio que o comunitaricídio, apontado pelo primeiro, diz sobre os esquecimentos, desvios e aniquilações produzidos pela sociedade moderna ocidental, que insiste em querer ser o único modelo possível e se posta contrária aos modos ecológicos que compreendem a vida a partir de práticas confluentes e em biointeração. Nesse enlace, com base no pensamento de Antônio Bispo dos Santos, se o modelo de sociedade que se quer único está para o desenvolvimento, os modos comunitários estão para o envolvimento.

A noção de envolvimento compartilhada por Nêgo Bispo nos convoca a outras relações, adentrar as gramáticas mais que humanas, e tecer diálogos e aprendizagens entre as diferentes formas de vida, tendo-as como responsáveis pela firmeza e pela condução do ser e do saber comunitários. A cosmofobia é uma marca daqueles que se desenvolveram ao ponto de não mais se sentir natureza. Se afastaram ao ponto que não se percebem, não se sensibilizam, não escutam, apenas consomem, descartam, lucram e adoecem[34]. O desenvolvimento aqui problematizado como um traço da ação irresponsável dos humanos com o planeta e suas mais variadas expressões vivas compreende também a ação contínua de destruição de presenças, saberes, linguagens e comunidades. A cosmofobia marca repulsa, recusa, temor das poéticas, narrativas e sentimentos de mundo que descentram o humano, mas ressalta, principalmente, uma perda de pertença imposta pelo profundo esquecimento daquilo que somos.

Quais seriam as maneiras de enfrentar o esquecimento? O mestre quilombola nos dá a pista com a chamada para o envolvimento e nos lembra que, se tivermos escuta atenta aos modos contrários à lógica dominante, aprenderemos maneiras de driblá-lo. No Brasil, diferentes grupos que são vítimas do comunitaricídio têm insistido em confrontar o esquecimento e permanecer inscrevendo seus saberes, presenças, memórias e políticas como forma de cuidado, proteção, educação e manutenção das bases comunitárias. O desencantamento perpetrado pelo esquecimento é desbancado pela ancestralidade, enquanto princípio

---

[34] Ver Krenak (2022).

ético, estético, político e pedagógico praticado de forma territorializada pelas inúmeras comunidades que são alvo do olho grande da dominação.

Chegamos aqui carregados nos ombros dos que vieram antes e carregaremos em nossos ombros os que virão depois[35]. Cada criança, velho, planta, pedra, bicho, rio, noite, maré, brincadeira, quintal, roda e fogueira confia as histórias de suas comunidades. Naquilo que nomeamos sendo o sujeito ou as demais coisas do mundo vibra o corpo como sendo o núcleo e a expansão da memória, do saber ancestral e comunitário. A educação enquanto processo não se fia sem que navegue por esses rios de águas profundas que nos cortam. Rios que nos cortam e são responsáveis por carregar o que nos nutre, vitalidades que alimentam o ritmo do sincopado de corações plantados na terra.

Por essas margens o que mais tem é gente que escuta a terra, pede licença à esquina, presenteia a boca da mata, tem chamego com o mar e se embala na beira do rio. Essas relações não são meras metáforas, mas as maneiras como a vida vem se inscrevendo com as diferentes formas de tecer a vida em comunidade. A comunidade transcende os limites de sua reinvindicação em caráter geopolítico para performar em dimensão biocósmica. O xamã Davi Kopenawa (2015) é certeiro quando diz que os yanomamis são

---

[35] Essa passagem é parte de uma aprendizagem com a comunidade de terreiro e está inscrita em um *odu* Ifá.

a floresta[36]. Seu Tranca Rua é firme quando diz que ele é a rua. Para aqueles assombrados pelas obsessões cartesianas e que têm simpatia pela descolonização como um mero apetrecho conceitual eu cedo as palavras de minha avó. Certa vez, perguntei a ela quem eram os avós de meus pais. Ela me respondeu de forma direta: *pergunte ao chão. Pergunte à terra e escute o que ela irá te dizer.*

Quando ouvi essa resposta estranhei, fui tomado por um sentimento e um pensar que me lançavam em um tempo e um espaço inacessíveis. Imaginei que aquele verso enterrava a memória dos meus mais velhos. Entretanto, ao contrário do que eu pensava, minha avó roçava o terreno da memória para fazer plantio em mim. Passaram-se muito anos e da boca dela ouvi sobre o cordão umbilical plantado no pé da porteira. Tenho tomado lição de como fazer roça com as histórias de meu pai. Perguntei a ele como se faz um roçado. Ele me questionou sobre a serventia dessa aprendizagem para mim. Daí em diante, temos aparado juntos os diferentes tempos e estações que fazem o manejo das histórias de nossa gente. A memória, como ensinou minha avó e a professora Leda Maria Martins (2002), não é uma questão, meramente, de resgate ou conservação, mas de intimidade com o tempo e com o nosso fazer.

O comunitaricídio, como nomeado por Grosfoguel (2018), lido aqui também como parte dos efeitos da

---

[36] Ver também Limulja (2022).

promessa civilizatória, investe nessa contínua grilagem existencial que faz da vida algo cada vez mais escasso. Na monocultura a ausência da diversidade e da interação entre os diferentes modos na constituição de um ambiente ecológico alimenta distorções e dissonâncias sobre a presença e o pertencimento. Monocultura na lógica da dominação colonial é a desertificação de florestas, o desabamento de mundos, o desmantelamento de lógicas plurais. Nesse sentido, o termo monocultura reivindicado nessa crítica opera na dobra entre o político e o simbólico para denunciar a limitação de um sistema descomprometido com a vida.

As lições de roçado e de diálogo com a terra reposicionam a questão da comunidade. O roçado de memórias, o manejo de histórias, reinscreve o sentir/sentido comunitário. Ao perguntar para a minha avó sobre nossa gente, ela me deu a lição de conversar com o chão e ouvir o que a terra me dizia. Como contei, anos se passaram e ela me revelou que havia plantado meu umbigo no chão de nossa gente. Em outras palavras, minha avó continua a me dizer que conhecer quem veio antes é também uma busca para conhecer a si mesmo. O bordado de cisma feito por ela foi desalinhavado para ser refeito. Se o tempo é espiralar, como nos ensina Martins (2002), eu sou também meus mais velhos e eles permanecem em mim. Irmanados, aldeados e firmados em pacto afetivo com a terra, estamos a continuar enquanto comunidade.

Colocando o ouvido no chão para ouvir o que a terra ensina sobre ser comunidade me atenho a provocar a promessa civilizatória que engabelou devotos e avançou em violências. Chamo para um jogo de corpo — cabe destacar que para muitas comunidades nas bordas do planeta tudo que existe pede corpo e pode vir a se corporificar. Daí, enquanto apanho palavras no ar, também gingo, pulo e rastejo para catar no chão as artimanhas de batalha. A hipótese aqui lançada, como a finta de um capoeira, é que o projeto civilizatório imposto pela lógica de dominação colonial tem suas ações comunitaricidas contra-atacadas na medida em que o sentido comunitário para os grupos colonizados se expande e se expressa como um pacto afetivo confiado e compartilhado entre todos os viventes. Nesse pacto confiam e confluem não somente os ditos humanos, mas todo um encadeamento mobilizado por uma política/poética ancestral que articula os ditos humanos, os mais que humanos e os mortos.

A comunidade se firma como uma questão ontológica, epistêmica, ética, estética e educativa para todas e todos aqueles que têm seus mundos violentados pela dominação colonial. A noção de comunidade se expressa ainda como uma textualidade de caráter múltiplo, em que todas as suas dimensões, aspectos e fazeres têm um duplo. Em outras palavras, na perspectiva dos que foram subalternizados pela escrita linear da história, as existências, independentemente das relações de poder impostas pela lógica dominante, são parte de uma condição múltipla. Esse caráter faz com que a noção de indivíduo seja rasurada para se inscrever enquanto comunidade, pois em sua dinâmica a **relação**, como colocada por Glissant (2022), é o que tece, firma e sustenta os trançados comunitários.

A comunidade — diferente daquilo que se compreende como Estado na lógica moderna, como problematizado por Grosfoguel (2018), e mesmo no que tange ao emprego da palavra sociedade, como criticado por Antônio Bispo dos Santos — emerge como uma experiência de pacto afetivo, ético, estético e político confiada por aqueles que fiam a esteira da ancestralidade. Assim, a lógica comunitária emerge, corre e deságua na caça de aberturas e não de uma síntese. Convocando a poética de Nêgo Bispo, ela se faz no **compartilhamento**; nos termos da poética de Glissant, ela acentua a **relação**.

Para Glissant (2021, p. 34) o pensamento do rizoma estaria no princípio dessa poética, segundo a qual toda identidade se desdobra numa relação com o outro. Os vaqueiros no sertão me chamam para ler as rachaduras no chão. Meu pai, nas lições de roça, fala sobre a personalidade do feijão que se expande em rama e pactua com o milho um entrelaçamento para abraçar o sol. Nos textos que contam sobre a sabedoria do dendezeiro saltam histórias de bichos, plantas, montanhas e nuvens, entre outras inúmeras formas que falam, interagem e nos mobilizam a aprender lições dos vários caminhos da vida. Em uma itinerância circular, vivos e mortos, praticantes de diferentes tempos e espaços, se encruzam para fazer da memória um chão que assenta/ritualiza as identidades da aldeia, a sua pertença e o seu cultivo.

A comunidade como problematizada aqui escapa das lógicas da imposição e mesmo da expansão predicada pela vontade de civilizar, dominar, se impor ao **outro**. Em um mundo erguido diante da fratura de muitos outros, a lógica comunitária dribla o encosto da dominação e vai desenhando seus contornos de forma **errante**[37] — em termos capoeiristícos, ao invés de errante eu diria que é negaceada. Em outras palavras, ela se abre em desvios, se ajeita no caráter pendular da ginga, ou, como cantaram os versos, **não se anda por onde gosta, mas por aqui não tem jeito, todo mundo se encosta**[38].

A leitura sobre a questão da comunidade aqui apresentada se articula à esteira da crítica ao colonialismo e às demais rotas confluentes que tratam o problema colonial. Assim, a perspectiva traçada se desvia de qualquer pretensão essencialista que imponha sobre o problema da comunidade uma espécie de enraizamento, fixidez ou qualquer coisa do tipo. As experiências contrárias à lógica dominante têm tecido suas práticas e intimidades com as questões comunitárias para além daquilo que a métrica ocidentalizante tem alcançado. A comunidade reivindicada como princípio e fazer ancestral confronta os limites de certos usos da noção de cultura como lugar de interpretação do problema humano, mas que acabam reificando uma das formas de dominação colonial em face da dicotomia humano e natureza. Essa

---

[37] Ver Glissant (2021).
[38] Verso da canção "Rodo cotidiano" (O Rappa).

crítica tem sido feita em diferentes campos, em especial naquele dedicado ao problema da cultura, entretanto aqui destaco como os terreiros, quilombos, aldeias, roças e quintais as têm feito.

Tenho considerado que a comunidade se imbrica na ancestralidade, assim ela se inscreve como perspectiva dupla. Ambos os termos não comportam enraizamento, mas se inscrevem como relação e pacto afetivo. Nesse sentido, caminho com os ensinamentos de Oliveira (2012), que sugere pensar a ancestralidade como problema filosófico encruzilhado entre mito, rito e corpo. Nessa confluência de outros modos de saber tenho apostado que a noção de biointeração (Santos, 2015) tem estabelecido importantes pontes no diálogo entre as múltiplas experiências comunitárias trançadas nas margens que rasuram a lógica dominante.

Biointeração comporta o duplo comunidade/ancestralidade e ressalta o alargamento das questões relativas à memória, ao pertencimento e ao conhecimento entre os viventes, que aqui referencio a partir de três nomes: os humanos, mais que humanos e mortos[39].

---

[39] A palavra "mortos" aqui designa os pertencentes à comunidade que são cultuados como ancestrais. A expressão emerge como uma categoria comumente empregada em algumas comunidades de terreiros. É comum ouvir as seguintes expressões: "meus mortos", "nossos mortos". A meu ver, esse termo designa também a dimensão circular da vida, sua continuidade, e a comunidade como um pacto afetivo e político tecido em diferentes tempos/espaços.

Na leitura que faço, essas nomeações não são identidades fixas nem estão livres de relações e mobilidades entre si. Entretanto, considero que nomeá-las assim, mesmo que provisoriamente, cumpre função didática na problematização das questões abordadas ao longo desse texto.

O primeiro termo, da maneira aqui abordado, implica no reconhecimento e na crítica da reivindicação identitária calcada na dicotomia humano versus natureza, que é uma das vigas de sustentação da arquitetura colonial. No que tange à noção de humano, essa dicotomia comporta também a racialização, a dominação de gênero, e os binarismos colonizador versus colonizado, metrópole versus colônia, consciência versus corpo, e civilização versus selva. A colonização tem as plantations como uma das principais formas de sua economia, ela se expande simbolicamente para ressaltar a desertificação e a limitação existencial produzidas pela lógica colonial. Em outras palavras, tomo de empréstimo a menção do xamã yanomami Davi Kopenawa quando diz que o homem branco, métrica do humano na lógica colonial, aonde chega trata de colocar uma cerca.

Nesse sentido, o humano é também um produto da monocultura, uma construção de um paradigma de desenvolvimento civilizatório erguido na fratura, no desabamento, no desvio, na subordinação e no esquecimento de inúmeras formas de ser e saber. Reconhecer essa localização e as nuances que projetam e conservam essa condição é necessário para a relação, o deslocamento e a aprendizagem com outras formas que rasuram e pluralizam esse padrão. Nas palavras de Ailton Krenak (2019), é necessário questionar os limites — acrescentaria proteção, privilégio e poder — desse seleto clube. Com base nesse diálogo, arrisco uma provocação: seria, em certa medida, a humanidade também uma elaboração comunitaricida?

Em um segundo ponto problematizo algumas questões a partir da sugestão nominal mais que humano. Para pensar essa questão caminho nas rotas das elaborações teóricas de Viveiros de Castro (2002) sobre o multinaturalismo e o perspectivismo ameríndios, mas, sobretudo, parto dos debates feitos a partir da categoria encantamento/encantado e supravivente (Simas e Rufino, 2018 e 2020). O encantado, em inúmeras práticas de saber dos terreiros, matas e margens daqui, é aquele que em uma circunstância de confrontação com a morte se pluralizou. O encantamento é um acontecimento que transgride a morte como uma oposição à vida. Entretanto, para continuar existindo, o que se dá é uma duplicação do ser que se manifesta, agora, também como planta, bicho, pedra, olho d'água etc.[40].

A noção de mais que humano não se restringe às existências arrebatadas pelo encante, ou seja, duplicadas. Porém, o encantamento é uma chave política

---

[40] Para um aprofundamento do debate sobre a encantaria e suas metafísicas ver Ferrara (2020).

e epistemológica importante para pensar as formas de transgressão à dominação colonial no Brasil, pois ele confronta diretamente a agência de assassinatos. A noção de mais que humano reivindica a singularidade, a textualidade, a memória e o saber de tudo que é vivo, tendo como princípio que os dois últimos aspectos convocam ao jogo da relação e do destronamento do privilégio e do poder dos ditos humanos em detrimento das outras espécies. Nesse sentido, o encantamento, o encantado e a encantaria alargam o debate sobre os modos de ser e saber que rasuram e reescrevem os problemas vinculados aos desvios provocados pela colonialidade cosmogônica e pelos epistemicídio, semiocídio e comunitaricídio[41].

As aldeias, os terreiros, os quilombos e as roças, entre outros diferentes arranjos comunitários, têm se relacionado com a questão do encantamento das mais diferentes formas. O que nos leva a reconhecer a emergência de aprendizagens que nos deseduquem do cânone e que ampliem os repertórios de saber que nos possibilitam não somente reconhecer a diversidade, mas estabelecer diálogo nas diferenças e credibilizar outros sentidos de mundo, respeitando as variáveis cosmológicas que cruzam as experiências aqui vividas. A perspectiva traçada pela noção de mais que humano seria a proposição de um exercício contínuo na tarefa de sentir, imaginar, aprender e encarnar outras formas que descentrem o humano como espécie eleita.

---

[41] Ver Walsh (2019), Carneiro (2005), Sodré (2017) e Grosfoguel (2018).

No que tange à reivindicação da categoria mortos, parto também de uma aposta que tem como base as práticas de saber exercidas em contextos subalternizados pela lógica assassina da empresa colonial. Se a ancestralidade se inscreve como um princípio e primado ético e estético que sustenta e opera a comunidade, o morto não morre, pelo contrário, ele se aviva no sentido comunitário. Dessa maneira, ser tido como morto não é suficiente para desmembrar e descredibilizar o ser/saber da comunidade. Tendo o princípio da ancestralidade também como uma relação cíclica entre diferentes tempos e espaços, a morte, assim como na questão do encantado, não se coloca como contraponto ao mundo dos vivos, mas como uma diferença na relação e na escrita de uma continuidade performada pela memória e pelos ritos cotidianos.

Entretanto, tendo o contínuo colonial como uma empresa de assassinatos de diferentes ordens, há de se tomar atenção e cuidado com esse debate, já que não se pode correr o risco de relativizar a violência via uma possível romantização da condição dos mortos. A pergunta que Wanderson Flor do Nascimento (2020) nos coloca em sua importante reflexão incide sobre o problema: como se morre e quais implicações dessa forma no que tange à quebra de ciclos e ao desmantelo da comunidade? O que acredito ser importante enfatizar nessa discussão é justamente como, em diferentes experiências sociais, a defesa da comunidade, da memória e do saber perpassa por uma política pedagógica estabelecida e orientada na relação com os mortos (ancestrais). Em diálogo com os praticantes de terreiro fica marcado como a noção de comunidade como algo que se dá também na relação com os mortos fundamenta uma política de combate ao não esquecimento.

Se a reivindicação da categoria mais que humano propõe um alargamento ôntico e epistêmico para o problema da comunidade, a relação com os mortos fundamenta uma ética. Nesse caso, podemos arriscar a ideia de que nessa lógica a oposição não se inscreve entre vivos e mortos, mas entre vivos e não vivos. O morto integrado à comunidade está mais vivo (potente) do que outros que perderam a capacidade de tecer suas relações com base no princípio de que a vida se inscreve como continuidade e ciclicidade e, por isso, são lidos como não vivos (despotencializados). Em outras palavras, vivo e morto não seriam categorias restritas a um sentido biológico da vida, mas metafísico, ecológico e ético. Essa relação que inscreve vida e morte como duplos transgride a captura de tempo linear imposta pela violência colonial e lança a memória, o saber e a comunidade em plena expansão de sua força existencial.

Humanos, mais que humanos e mortos — ponteios poéticos para cismar com a questão da comunidade diante do intenso comunitaricídio produzido pelo contínuo colonial. Diante da guerra, a emergência de belas batalhas a serem dadas... **Iê, mundo dá volta**

camará! A capoeira não se faz sem corpos vibrantes, indignados e brincantes, poéticas cortantes feito navalhas, mandingas de fechamento de corpo e de continuidade da vida via memória ancestral. Capoeira é mato, floresta, morada do invisível que toma o corpo para vadiar. É preciso escuta profunda com o que o chão conta e o que a roda escreve como sina e sorte para virarmos ponta-cabeça. A educação como fundamento da vida, entrelaçada à s escritas mais que humanas e ancestrais, pede comunidade. Afugentar o quebranto do modelo escolarizante plasmado pela agenda curricular colonial é uma tarefa que não se faz só, demanda um bando de capoeiras entrando para dentro do mato e inscrevendo a descolonização como uma política do ser/saber mata/floresta.

> Os primeiros habitantes do entorno da Baía de Guanabara eram caçadores, pescadores e coletores de conchas, mariscos e crustáceos. Com os restos desses alimentos eles sedimentavam e demarcavam o local de moradia, formando elevações. Quando um ente querido morria, eles preferiam sepultá-lo nestas elevações, o que assegurava a proximidade do morto com os vivos. A forma de sepultar, os acompanhamentos utilizados no enterramento como o uso de adornos e dos objetos pessoais do morto, informa ao pesquisador aspectos das experiências e convivências humanas daquele agrupamento social (Museu Vivo do São Bento).

Cá estou, no recôncavo da Guanabara, na terra que hoje leva o nome do falso pacificador[42], me coloco diante do sambaqui em silêncio e fiando no ar cismas que sejam tramadas para continuidade. Questiono o tempo. Cismas para florir pistas — sobre pistas não falo exatamente dos registros e indícios, mas me apego aos sonhos, gramáticas telúricas e demais manejos do corpo. A aula acontece no sambaqui, professores, pesquisadoras e estudantes atentos. O menino que por ali perambula brinca, entra e sai daquele ambiente.

Reparo no menino e compro o jogo com ele: *ei menino, tu sabes o que tem ali?* Faço a pergunta e aponto para o sambaqui. Ele me mira no olho e responde: *sei, sim, tem dois defuntos.* Fico pensando sobre a resposta, suas várias camadas, certa opacidade e em pleno salto no abismo, nos termos de Glissant (2021). O que me cabe é o jogo, balanço o corpo e emendo: *vem cá, e tu já conversou com os defuntos?* O menino, bom de ginga, sente a arapuca e emenda na inversão da rasteira: *que isso! Eu não, cê é doido de eu conversar com defunto.*

O jogo se segue e eu invisto nessa trama: *rapaz, é importante conversar com esses defuntos, me contaram que veio um povo aí, chamados arqueólogos, que enfiaram um troço com o nome de carbono quatorze e tão apostando que esses caras estão aí há mais ou menos quatro mil anos. Veja bem, tão contando história para a gente de quinhentos para cá, olha a oportunidade de a gente saber*

---

[42] Cidade de Duque de Caxias (RJ).

o que era Duque de Caxias quatro mil anos atrás com esses caras que aqui estavam. O menino me olha como que respondesse uma chamada[43] no meio do jogo, presta atenção, parece gostar da conversa, afinal, chamada é coisa de mandinga, precisa saber mandingar.

O moleque manda: *olha, moço, eu nunca conversei com os mortos ali não, mas eu bem sei o nome deles.* Me desbundo, caí na minha própria arapuca, preciso me refazer do passa-pé e chego a acreditar que buli onde não devia. Peço uma volta, desço no pé do berimbau e refaço o jogo: *como assim? Tu perguntaste para eles?* Tomo a segunda rasteira: *oh, moço, eu já falei que não converso com morto!* Atento, eu emendo: *e qual é o nome deles?* O moleque me finta com olho de jogo e encanto de capoeiragem: *o nome deles é ancestral!* Respondo: *oxe, e como tu sabe que o nome deles é esse? Eles te contaram?* O moleque arremata: *contaram não, mas eu bem ouvi ali o professor dizendo*[44].

De frente ao sambaqui, virando ponta-cabeça, tateando o chão com corpo inteiro feito capoeira, onde a escuta se faz com os poros, o menino ensina e aprende os sonhos de toda uma comunidade.

---

[43] Chamada é um movimento da capoeira.
[44] O professor é Nielson Bezerra (FEBF-UERJ).

Gramática Telúrica

Os brancos ficam horrorizados e dizem que somos preguiçosos, que não quisemos nos civilizar. Como se 'civilizar-se' fosse um destino. Isso é bobagem, uma religião deles. A religião da civilização. Eles mudam de repertório, mas repetem a dança. A coreografia deles é a mesma. É pisar duro sobre a Terra. A nossa é pisar leve, bem leve sobre a Terra.

[AILTON KRENAK]

As pisadas aqui feitas buscam tocar o chão de forma suave e convidam vocês para colocarem os ouvidos na terra, tatearem seu corpo, delicadamente acarinhá-la para uma leitura sensível do que podemos cultivar como ciclo de vida, memória e saber. As palavras aqui trazidas vão se arranjando em movimentos de corpo, ginga, negaças, brincadeira de quintal e entre tantas outras maneiras de se jogar no mundo. Esse jogo de palavras que balanceiam feito a canoa de um malandro é para calçar a defesa de uma gramática telúrica, algo comum a diferentes andarilhagens no tempo.

Essa gramática compreende ouvir, conversar, ler, tecer afetos, confluir e aprender com a terra[45]. Dessa

---
[45] Ver Krenak (2022).

forma, apostarei, capoeiristicamente, em um jeito que demanda defesa e ataque, movimento pendulado, duplo e errante para caçar os vazios daquilo que a questão colonial tenta apreender para tornar modelo dominante. Para isso vou ao chão, bato cabeça à terra para imaginar outros movimentos que rasurem a condenação de um mundo imposto[46], mas que possam riscar no chão experiências de intimidade, afeto e transformação via textualidades, saberes e aprendizagens com a terra.

Os povos que atravessaram o continente africano sequestrados para serem escravizados nas Américas foram violentamente desterritorializados, mas mesmo sem a terra natal não deixaram de plantar os fundamentos que compreendem a vida no chão desconhecido. Correm pelos caminhos daquilo que se ordenou como Novo Mundo histórias antigas vindas da outra banda atlântica. Uma dessas narrativas conta que Olofin batalhou de maneira incansável pela formação do mundo, se empenhou para que todas as formas do planeta ganhassem contorno e pudessem se encaixar em ciclos em que o equilíbrio desse o tom das relações.

Porém, as coisas que vinham a compor o mundo são autônomas e dotadas de singularidades, elas começaram a manifestar desconformidades e até mesmo ambições que tensionavam os planos de um mundo em equilíbrio. Olofin, percebendo que o mundo que habitamos não suportaria o desequilíbrio e a

---
[46] Ver Fanon (1968).

ambição desenfreada, pensou em uma solução. Assim, ele chamou as forças antigas da existência até a sua moradia e disse: *é necessário formar o mundo no qual devem viver os mais diversos seres que irão compor isso que irão chamar de planeta. Formarei o céu, a terra, as águas e tudo o que for necessário. Os convido para que cada um de vocês escolha uma dessas formas e assume suas posições diante do propósito.*

Diante da indagação de Olofin todas as forças que participariam da criação e da ordenação da existência no planeta queriam ser o céu. Os próprios descendentes de Olofin recusaram a ideia de formar a terra, argumentando que não queriam amparar as pisadas dos que nela habitariam, queriam estar em outra posição. Vendo a situação criada diante da rejeição em ser a terra, a filha de Olofin, Inle Oguere Afokoyeri, disse a ele: *pai, tu que és o representante de Olodumare, lhe digo que aceito ser a terra e apoiarei todas as plantas, águas, minerais e animais. Confluirei também com os homens que da terra roçarem seus sustentos e trajetórias.* Olofin, agradecido pela atitude de sua filha, tomou sua bengala e tocou o chão, abençoando a terra e dizendo: *todos os filhos da terra serão também meus filhos. Bendigo a terra e seus segredos se manterão plantados em sua firmeza e dela nunca irão sair.*

A terra desde o desejo de criação pare, acolhe, alimenta, educa, conduz e restitui a vida no planeta. Dessa maneira, percebemos que nas diferentes culturas investidas pela violência colonial há confluências no sentimento/saber de que os seres que habitam o planeta estabelecem relações de pertencimento, parentalidade, diálogo e vínculos com a terra. Assim, essas comunidades se distinguem da crença de domínio e propriedade da terra como mero recurso a ser explorado. Tendo como base a narrativa explicativa dos povos iorubás, temos como apontamento a relação ancestral que todos os seres que habitaram, habitam ou irão habitar o planeta têm com a terra. Se Olofin se manifesta como a própria força criadora, manifestação própria de Olodumare, a terra é a dimensão que gesta, desenvolve e cria todos os ciclos vivos possíveis, assim tudo que por aqui passa estabelece não somente vínculo, mas é dotado de memória, inteligência e linguagem entranhadas nessa força materna.

De um lado podemos nos questionar como nos distanciamos ao ponto de acreditarmos na ilusão de fazermos da terra propriedade dos humanos, violentá-la das mais diferentes formas ou mesmo construirmos um projeto de mundo insensível a ela. Por outro lado, existem infinitas veredas em que os mais variados arranjos de vida fortalecem seus vínculos de parentalidade com a terra, aprendem desde muito cedo suas escritas, plantam umbigos no chão para semear memórias de pertencimentos e comunitarismos ancestrais. Esses modos confluem com as estações, tempo, plantas e bichos para estabelecer alianças de afeto[47] e inteligi-

---

[47] Ver Krenak (2022).

bilidade mútua, dão de comer à terra compreendendo que a vida é cíclica e que a terra dá e come[48].

Sou filho de cearenses, pessoas que se retiraram de sua terra natal e seguiram para o Sudeste influenciados pela promessa de uma vida melhor. Naquilo que chamam de grandes centros desse país muitos desses nordestinos em dispersão foram chamados de gente cor de cuia, encardidos, cabeça chata, atarracados, famintos, genericamente intitulados como paraíbas ou baianos. Sou amigo de um senhor que é discriminado pelo nome de Bahia, na primeira vez que nos vimos perguntei seu nome e ele me respondeu: *meu nome é Gervásio*. Em seguida perguntei se ele havia nascido no estado da Bahia e ele foi categórico: *não, eu sou "Bahia", mas de Campina Grande*.

Se atentarmos para o impacto da dispersão desses grupos para o Sudeste, principalmente nos idos dos anos 1950 e 1960, perceberemos que o tratamento dado a essas populações, inclusive na imprensa, é marcado pela racialização dos nordestinos e pela produção de uma narrativa que os estigmatiza, atribuindo-lhes de forma pejorativa e inata características do lugar de origem reproduzidas de forma descontextualizada e classificadas socialmente sob um padrão ajustado na métrica colonial[49]. A questão que venho provocar é que a distorção da relação confluente entre os mais

---

[48] Menção ao trecho de um dos poemas de Ifá.
[49] Ver Mendes (2021).

diferentes seres, naquilo que podemos aproximar a partir das categorias de biointeração (Santos, 2015; 2022) e aliança afetiva (Krenak, 2022), é uma das principais estratégias coloniais em face de uma de suas principais frentes, as plantations.

Para além do seu caráter primeiro, como monocultura e empreendimento econômico do sistema colonial, já bastante debatido na literatura que trata das questões da colonização, a plantation assume um caráter metafísico ou mesmo ontoepistêmico no que tange à quebra de pertenças, vínculos afetivos e relação entre seres em biointeração. Outra face é como essa lógica investe e edifica uma economia em que a natureza e os não brancos europeus são capturados, produzidos e consumidos como recursos para o funcionamento do sistema bancário colonial[50]. Assim, os vínculos e sentidos com a vida em sua diversidade e integralidade vão se desfertilizando na medida em que a terra e tudo o que ela sustenta é violentada. Essa violência compreende o desvio perpetrado a todas as formas que se reconhecem e se relacionam como natureza.

Volto a falar dos meus pais e, consequentemente, da comunidade que antecede, propicia e acolhe a minha chegada ao mundo. Venho de uma família de vaqueiros e pequenos lavradores. Avô, bisavô, tataravô e até onde a memória dos mais velhos alcança...

---

[50] Um importante debate sobre a questão está presente em Mbembe (2014).

toda essa gente dava lida com o gado e com a roça. Uma família por parte de pai de vaqueiros e por parte de mãe de gente dedicada a plantar e colher. Meu pai conta que foi uma criança criada para seguir na lida do gado e da roça, teve como educação a circulação de experiências dos mais velhos e a interação com a terra e com o que conflui com ela. Ou seja, gente que tem profunda intimidade com a terra, suas linguagens e escritas.

Para essa gente que nutre amizade pela terra o sustento implica uma relação de aprendizagem e diálogo. Dessa forma, aquilo que para os ditos civilizados — gente obcecada pelo desenvolvimento alcançado pelas monoculturas e monorracionalidades — é tido como um traço do atraso, para aqueles que têm leitura de chão é uma experiência confluente, sensível e pluriversal com a vida em sua diversidade. Nesse sentido, o tacanhismo de uma parcela significativa de pessoas que acredita que inteligência e memória só habitam nos ditos humanos produz um verdadeiro colapso afetivo que desperdiça experiências e repertórios necessários ao fortalecimento de uma aliança confluente com a vida e contrária aos modos desencantados.

Se a leitura de mundo precede a da palavra[51], quais leituras são possíveis na medida em que acessamos as escritas de chão, inscrições imantadas por inúmeros

---

[51] Menção ao pensamento de Paulo Freire (2006).

corpos e presenças que fazem morada, lida e festejo na terra? Matas, florestas, sertão, beira de rio, praias, lajedos, montanhas, sambaquis, aldeias, quilombos, roças, terreiros, esquinas, cemitérios... outros mundos. O quanto de Brasil conhecemos para nutrir uma disputa por uma educação que faça do chão — não somente das escolas, mas de todo esse país — um tempo e um espaço encarnados por outras memórias e por outras possibilidades de escrever histórias mais justas?

Nessa tarefa são necessários a curiosidade de uma criança que brinca com a terra, a atenção e o respeito de um mateiro, e a sabedoria de um vaqueiro que conversa com os bichos via língua do chão para enveredarmos por aprendizagens que alarguem nossas subjetividades, recuperem sonhos e revigorem nossas existências. A aposta é que essa mirada nos dará folego e força para sair em defesa da aldeia.

O chão, a terra, é o lugar em que a criança desalinha a brincadeira e a imaginação tece a criança em um contínuo escavar, empilhar, aterrar, juntar, esconder, abrir, enfeitar, enterrar e semear o sentido da vida, como nos ensina Piorski (2016). A terra é também o lugar de imaginar mundos por parte daqueles que nutrem a crença de que nela habitam outros sentidos e têm profunda curiosidade e apreço pela vida das coisas. Certa vez acompanhei um vaqueiro em uma lida com o gado. Passei a tarde com ele ouvindo histórias de valentia, coragem, meninice, encantamento e curiosidade. Histórias em que homem, cavalo, gado e massapê viram tudo uma coisa só quando atados pela aventura da pega[52].

Nessa tarde ouvi histórias de macambiras não afeitas à conversa, lajedos que guardavam a memória de um tempo em que os bichos falavam, galhos retorcidos que eram capazes de derrubar touro brabo e casacas de couro curtidas no mistério das rezas de fechamento de corpo. Entre as várias histórias, pelejas e graças se entremeavam cantigas de São João e aboios. Me implicava como os aboios entoados pelo velho vaqueiro penetravam todo o ambiente, uma espécie de mandingaria que os bichos tomavam com atenção e escuta. Com o ouvido aceso na maior parte do tempo, pedi licença e tomei coragem de perguntar: *mestre, o aboio que o senhor tira é para conversar com o gado?* Ele me fintou e respondeu: *oh, deixe de besteira, tu já viste homem conversar com bicho?* Ri de forma tímida, me encabulei e emendei: *ver eu nunca vi, mas estou percebendo que o senhor aboia e eles entendem.* O velho responde: *oh, moço, mas é claro que eles entendem.* A prosa segue com mais uma pergunta de minha parte: *mas como eles entendem se o senhor não conversa com eles?* O velho vaqueiro arremata: *ah, seu menino, nós não falamos com eles, mas eles entendem porque a gente fala a língua do chão. A gente fala com o chão e o chão conversa com eles, daí falando e ouvindo a linguagem da terra a gente se comunica.*

---

[52] Termo utilizado para uma das atividades dos vaqueiros com o gado.

Ailton Krenak (2022) nos diz que estamos a viver num tempo em que somos obrigados a mergulhar profundamente na terra para sermos capazes de recriar mundos possíveis. Entretanto, ele nos alerta que, nas narrativas de mundo onde só o humano age, essa centralidade silencia todas as outras presenças (p. 37). Tenho insistido que a colonização, mesmo se mantendo em nosso tempo, não se sagra vencedora, permanecemos indo aos campos de batalhas, reivindicando saberes comunitários, tecnologias ancestrais e lançando pernadas, palavras e jogos de corpo imantados nas mais variadas mandingas. Essa defesa feita em debates anteriores[53] ganha outros contornos e veredas se abrem se tomarmos como aposta os chãos do Brasil como ativos nesse jogo, em especial na emergência de outras narrativas e na capacidade de tecer aprendizagens com as gramáticas telúricas.

A capoeira é um brinquedo de guerra, veneno e remédio, flor e faca que implica profundos conhecimentos de chão. Assim, capoeiras se fazem entre um entremear de corpo e chão que escarafuncha saberes e soluções para os problemas cotidianos. Como nos ensina Mestre Canjiquinha (1989) em seus escritos que versam sobre uma teoria do ser capoeira: *os capoeiras põem a cabeça no chão, emparafusan-se nas coisas (conhecendo-as por dentro) e no giro, vão dando ideias subterrâneas que servem de guias para a gente transformar o mundo.*

---

[53] Ver Rufino (2019; 2021).

A leitura que Mestre Canjiquinha faz da capoeira, sendo ela também brinquedo e brincadeira, não está distante do que Gandhy Piorski (2016) nos diz quando ele nos chama atenção para as crianças, que gostam de saber o que tem dentro, o que está na entranha das coisas. Daí, a criança quebra, desmonta, escava, abre e investiga, assim como os capoeiras se emparafusam nas coisas para dar ideias subterrâneas.

O chão para as crianças e os capoeiras não é somente importante na investigação de um mundo que está por ser experimentado, mas na inscrição criativa do brinquedo, brincadeira feita com corpo, terra, pedra, folha, galho e água, assim como no caráter existencial de quem o faz, o brincante que ao caçar o mistério daquilo que é oculto vai revelando de forma errante possibilidades de ser.

No carnaval, nos cordões, ranchos, cortejos e escolas de samba o chão emerge como corpo associativo, comunitário e aglutinador das práticas e identidades do grupo. O antropólogo Vitor Pimenta (2020) nos propõe uma leitura estética e política das performances do carnaval a partir do que vai chamar de chão afro-brasileiro no diálogo com os desfiles da escola de samba. Em seu trabalho, o termo "chão da escola" emerge como categoria reivindicada pelos praticantes das agremiações para se referir às inscrições materiais e imateriais das agremiações em seus ensaios e desfiles. Se o chão da escola, nos termos das comunidades de samba, diz sobre gramáticas que falam de memórias, saberes, práticas de espaço, enigmas e invenções desses grupos, podemos pensar os deslocamentos do termo quando reivindicadas para outros contextos educativos, como as escolas que não são agremiações carnavalescas.

Ponteando diálogos entre Ailton Krenak, Mestre Canjiquinha, Piorski e Pimenta, o chão pode ser lido como tempo e espaço de investigação do oculto, descoberta de si e invenção de mundos. Esses três aspectos foram marcantes em uma aprendizagem com um velho vaqueiro na região da Ibiapaba, no Ceará. Fui convidado para uma pega de boi e não fazia ideia do que me esperava, nesse dia meu pai estava comigo. Chegando ao local da tal pega, em questão de instantes se juntaram homens, cavalos, meninos e cachorros, perguntei onde estava o boi e alguém apontou para longe, mirei, mas não enxerguei nada. Os homens, meninos e meu pai montaram no vento e sumiram no horizonte.

Olhei para trás e debaixo de um alpendre um senhor me acenou, fui ao seu encontro. Usando um chapéu de couro marcado de sol e histórias, o velho empunhava uma bengala de aroeira branca que marcava no chão o ritmo dos versos e aboios que ele ali improvisava.

O velho manda: *moço, você está vendo o boi?* Me atinei que ele não enxergava de um olho, imaginei que podia ser um galho seco nas pegas dentro do sertão, talvez um galho que a aba do chapéu não segurou, me silenciei diante da curiosidade e respondi: *estou vendo não, senhor.* Ele retrucou: *oh, moço, cê não está vendo o boi?*

Pois então olhe para dentro da mata, cá dentro dela se mira o boi. Olhei firme para o horizonte, uma quentura de duas horas da tarde, daquelas que o sol emparelha com o chão. Não havia uma folha verde no horizonte, o que o olho alcançava era céu azul e paisagem de sertão. Me encabulei, achei que o velho estava fazendo graça comigo, pregando uma peça.

Moço, o senhor está vendo o boi? Novamente respondo: *não, senhor.* Ele retruca: *oh, moço, cê não está vendo o boi? Pois então olhe para dentro da mata, olhe para dentro da mata, dentro da mata você mira o boi.* Essa toada de perguntas e respostas entre nós dois se manteve, custou, até que eu me encorajei quando ele mandou: *pois então olhe para dentro da mata!* Eu chamei na rédea e rebati devolvendo a pergunta: *que mata?* Ele calou e me mirou de banda com o olho cego: *moço, o senhor não vê a mata, então olhe para o chão.* Naquele momento algo havia mudado de rumo, eu que já estava sentado no chão aos pés de onde ele se balançava somente virei a cabeça para baixo e acendi os candeeiros da escuta. Ele segue: *o senhor vê os cortes no chão? O senhor vê o rachado no chão, pois bem, olhe para dentro dele. Olhe para dentro do corte do chão. Olhe, olhe com firmeza e força para dentro do rachado do chão. Olhe, moço, porque dentro do chão está a mata. Tá vendo agora a mata dentro do chão? Olhe para mata, moço! Olhe bem porque aqui tudo é mata, o sertão é mata, o chão rachado é mata e não é porque a gente não enxerga que ela não existe. Pois bem, moço, tudo aqui é mata, somos povos da mata.*

Mergulhei dentro da mata enlaçado pelo feitiço de um velho vaqueiro e nela estou até agora, cantando seus moradores, no mato rasteiro brincando capoeira, na boca da mata botando cachaça e fumo para o mistério e aqueles que guiam na invernada. Quando levantei a cabeça no horizonte vinham os homens, meninos, cavalos, cachorros e o boi. Ao ver o boi se aproximando, o velho vaqueiro se apoiou na bengala de aroeira e levantou se aprumando para sair. Perguntei a ele: *mas o senhor não vai ficar?* Ele me respondeu: *não senhor, seu moço, não posso ver o bicho sofrer, por ele nutro amizade e esse chão que o senhor entrou é testemunha de nossas histórias.*

Chão que testemunha história, acolhe, embala e resguarda para no tempo certo fazer brotar, crescer e se enramar. Os puris, indígenas da região da Serra da Mantiqueira na divisa entre Rio de Janeiro e Minas Gerais, têm um termo que conflui com as sabenças das crianças, capoeiras, brincantes e dos vaqueiros aqui apresentados. Segundo a escritora Churiah Puri Aline Rochedo Pachamama (2021), o termo é *boacé uchô*, que significa **palavra-terra, palavra que pulsa**. Para os puris a história e a aprendizagem estão na terra, é preciso escuta e diálogo atento com esse corpo que baila conosco. A pergunta que permanece para muitos de nós obcecados pelas métricas cartesianas, monorracionais e desencantadas da dicotomia humano e natureza, é: como ouvir essas histórias e aprender as lições da terra? Conforme nos ensina os puris, pela escrita de Churiah Puri (2021), as palavras-terra, palavras que pulsam, são parte de uma linguagem materna. Assim, a pergunta a ser feita por nós implica em problematizar como esse padrão de esquecimento foi produzido ao ponto de não reconhecermos esses vínculos.

Em fevereiro de 1961, em Natal, foi criada a campanha "De pé no chão também se aprende a ler". O projeto tinha como proposta levar o ensino primário a grupos dos bairros mais pobres em escolas de chão batido. A proposta pedagógica do projeto valorizava narrativas, festas e repertórios populares e tinha como meta a instalação de bibliotecas, praças de cultura e museus de arte popular. Inspirado pelo Movimento de Cultura Popular[54], o projeto ampliou-se com a alfabetização de adultos pelo Sistema Paulo Freire e pela campanha "De pé no chão também se aprende uma profissão". Entretanto, todas essas ações foram interrompidas nos primeiros dias de abril de 1964, logo após o golpe militar.

Recupero essa proposta para imaginarmos o que podemos aprender não somente com os pés no chão, mas, principalmente, com os ouvidos. Escuta de chão, como já citado anteriormente, é prática comum de muitos povos aldeados nas bandas desse Brasil. Assim, colocar os ouvidos, bater cabeça, jogar água para esfriar o caminho, dar de comer, escavar, brincar, tatear e roçar são práticas de saber que nos revelam gramáticas

---

[54] Ver Brandão (1985).

telúricas, mas também inspiram inventividades pedagógicas contrárias às monoculturas aqui instaladas. A batalha pelo chão não meramente como propriedade, mas fundamentalmente como espiritualidade, comunidade e confluência, é uma das chaves para a inscrição de ações que confrontem e rasurem os padrões coloniais.

Atentar para gramáticas telúricas nos lança a questão das políticas que estão sendo feitas pelas matas. Nesse sentido, as matas do Brasil, os quintais, roçados, terreiros, sertões e florestas estão a fazer políticas de vida que não são credibilizadas em sua força diante desse intenso quebranto imposto pelo olho grande da dominação. A defesa que faço é que possamos mergulhar nas profundezas de nossos chãos para, na intimidade com a terra, tecermos aprendizagens que nos possibilitem acessar o mundo via outras linguagens. A aposta de escavar o chão também revela a emergência em confluirmos com o que é comum aos viventes, mas não totalmente revelado, já que a vida se faz como um contínuo roçado. Nessa brincadeira, o que se ressalta é a capacidade de imaginarmos outras possibilidades de habitar. Essas outras formas vão nos rumos de confluir, biointeragir e tecer alianças afetivas com a terra e tudo que se vincula a ela.

A educação, no que tange às suas políticas e apostas nos processos de escolarização, pode vir a ser encarada como um roçado e experimentar os saberes próprios desse fazer. Dessa forma, professores, gestores, acadêmicos e demais praticantes precisam aprender com a terra. Aprender a ouvir a terra, algo que demanda humildade, toque suave, em reconhecer e se lançar em aprendizagens que demandam jogo rasteiro, corpo encostado com o solo. Pelo que tenho observado, grande parte daqueles que discursam sobre a educação no Brasil tem mirado os céus não no desejo de uma revoada de pássaros, de saltar em um paraquedas colorido, como nos diz Krenak (2019), ou mesmo de segurá-lo, como nos ensina Kopenawa (2015), mas na ânsia de se erguer como catedral. Ao contrário do que rege a sanha desenvolvimentista que engole montanhas, mananciais, florestas e comunidades, precisamos experimentar uma maneira de fazer educação mais responsável e implicada com o todo, confluente e biointerativa. A aposta é educar como quem faz um roçado.

Roça, floresta, quintal, entre outras experiências, nos convidam a ser falantes das linguagens que se enraízam na terra. Enveredando nas trilhas de um Brasil diverso, percebemos que para muitas comunidades não estamos tão distantes de ser terra. Podemos aprender com muitos povos plantados nesse chão, que acumulam saberes e diálogo com a vida em toda sua diversidade. Podemos também, simplesmente, sair em defesa dos quintais, suas brincadeiras e a relação de intimidade e afeto com os mais que humanos. Como nos ensina a professora Léa Tiriba (2022), é emergencial desemparedar para dar passagem ao corpo e a tudo aquilo que ele pode cultivar como alegria e esperança educadora.

Tomando como base a sugestão de Tiriba (2022), desemparedar é um dos caminhos para confluir com o aterrar e, consequentemente, com o roçar, o reflorestar e o se embrenhar na mata de outras descobertas e invenções pedagógicas. As crianças, íntimas da natureza e com seus corpos potentes para a brincadeira, são aqueles que poderiam nos conduzir nessa experimentação. Compartilho da ideia de que as crianças atentas aos fundamentos da terra são uma espécie de jardineiras, roceiras e reflorestadoras da esperança e da beleza da vida como radical da diversidade. Nos cotidianos da educação brasileira, principalmente no que tange aos contextos escolares, são elas as principais lavradoras de esperanças para a confrontação e a rasura da dicotomia humano e natureza, assim como são elas, por meio do brincar, os principais agentes de uma política de fortalecimento da comunidade, como nos ensina Mestre Roquinho.

As crianças no brincar inventam a si e ao mundo, lançando mão da curiosidade e da imaginação exercitam em termos poéticos aquilo que Chico Mendes chamou de **florestania**. Assim, podemos manejar a proposta da florestania para a relação com as crianças e, consequente, para as escolas, considerando que elas são os principais agentes que reflorestam a imaginação, a curiosidade e a invenção de outros mundos possíveis. Esses aspectos, mesmo não sendo comumente credibilizados na crítica feita aos padrões dominantes, emergem de forma transgressora, já que confrontam as monoculturas e suas desertificações. Diante de inúmeras leituras que sustentam teses sobre o fim do mundo, as jardineiras, os roceiros e seres íntimos dos segredos do chão e da mata estão a plantar as esperanças que irão sustentar o céu e fazer florescer um novo dia.

Educação como fundamento corporal e prática mandingueira

Originariamente, "educar" significa "viajar".
Ao pé da letra, ducare é 'se mover, se deslocar'
de um ponto para o outro. Portanto, a educação é
originariamente uma viagem. "Viagem" nós podemos
entender como um voo, como uma mudança de espaço.

[MUNIZ SODRÉ]

Hoje eu vim, minha nega
Sem saber nada da vida
Querendo aprender contigo a forma de se viver
As coisas estão no mundo só que eu preciso aprender.

[PAULINHO DA VIOLA]

Onde está a educação? Essa foi a pergunta que me foi feita a pretexto do convite para um bate-papo[55]. Confesso que as perguntas que têm mais se apresentado

---

[55] O encontro citado foi a roda de conversa "Onde está a educação? Um diálogo sobre a educação além dos muros da escola", atividade que integrou a programação do Play Festival (2022).

nas prosas que tenho tido por aí são "o que é a educação?" e "como acontece a educação?". Surpreso com o encontro agradável com essa pergunta, digo que ela acionou em mim a imaginação de querer abraçar a educação como corpo. A pergunta "onde está?" deu vontade de embolada, jogo, brinquedo, xodó e peleja com a educação. Toda pergunta que se prese tem vontade de se aconchegar em uma resposta, mas quando os corpos entendem de fazer de si brinquedo a pergunta quer mesmo é que a resposta não termine o jogo, assim a resposta vira outra pergunta. **Jogo de dentro, jogo de fora**... corpo na roda para aprender a gingar com as voltas que o mundo dá.

Virado ponta-cabeça, a pergunta me chamou à procura de onde está a educação. Me joguei na andarilhagem, na caça que se faz quando já fomos apanhados pela vontade do encontro. Me encabulei, mas não me avexei, segui rumo. Uma das mais belas leituras sobre a educação, para mim, está presente na poética miudinha[56] do samba de Paulinho da Viola. A canção "Coisas do mundo, minha nega" narra diferentes cenas cotidianas e a astúcia do andarilho de sacar um samba para abraçar os acontecimentos. Em uma das cenas narradas chama atenção a expertise do praticante em preferir não cantar um samba, já que não seria compreendido naquele momento. O narrador segue

---

[56] Miudinho é também conhecido como uma das formas de sambar praticadas pelos bambas da Portela.

adiante e faz valer um dos fundamentos do sincopado do samba, que é dizer no não dito. Em outras palavras, caçar os vazios.

Com as perguntas apontadas para o problema educativo e o corpo tomado pelo samba, cato a reflexão sobre a educação presente no seguinte verso: *as coisas estão no mundo, só que eu preciso aprender*. Negaceio, peço uma volta ao entorno da roda. A narrativa que faz emendas para as diferentes cenas ordinárias na poesia de Paulinho da Viola nos possibilita pensar a educação naquilo que ele diz, como no verso destacado, mas também naquilo que ele negaceia. Para me ajudar nessa conversa eu chamo Muniz Sodré (1998), que ao pensar o samba como fundamento corporal diz que na dinâmica sincopada do ritmo o corpo procura espaços para preenchê-lo. Caçando e preenchendo vazios se faz a arte do sincopado do samba e se faz também da expressão em si um fenômeno de fundamento corporal.

Seja no samba, no fazer educativo ou em outros vários modos de fazer, o corpo vibra, transita, ginga e se lança no desejo de aconchegar, ocupar o **entre**. Roçando caminhos entre a pergunta que me foi lançada, a poética de Paulinho da Viola e a reflexão de Sodré, cruzo a educação com o samba. Esse chamego entre as duas é para dizer que, assim como o samba, a educação se faz para aprender as coisas do mundo, falar dessas coisas, de seus praticantes, emendar versos na itinerância das experiências, tocar, alterar e pontear cada um de nós na ocupação daquilo que se faz no **entre** o **eu** e o **outro**. Dessa maneira, tanto o samba quanto a educação têm como fundamentos o corpo, seus movimentos, ritmos e tudo aquilo que eles dão, vibram e tocam.

Os discípulos de Aristóteles ficaram conhecidos como peripatéticos. A palavra, que no grego compreende a noção de itinerante ou ambulante, fazia menção à maneira que o filósofo ensinava caminhando ao ar livre. A aposta da educação aristotélica tinha alguns princípios, um deles destaca a defesa de que a principal função da educação seria conduzir as pessoas à felicidade. A palavra condução como traço de uma aprendizagem itinerante e o processo educativo como parte de um contínuo movimento que demanda corpo enredam o que ficou famoso na relação entre o filósofo e seus discípulos, as múltiplas formas de educar presentes em outras culturas.

O artigo "Os velhos capoeiras ensinam pegando na mão", de Pedro Abib (2006), conta como na Bahia, muito distante de Atenas, os mestres organizavam suas propostas de ensino a partir do corpo, de suas gestualidades, seus toques, e a relação com o ambiente como um todo. Pedro Abib — que, além de professor, é sambista e discípulo de mestre João Pequeno de Pastinha — nos mostra que não somente na capoeira, mas em diferentes práticas de saber da chamada cultura popular, categorias como memória, ancestralidade, ritualidade e temporalidade são fundamentais para entendermos as formas de educação presentes nesses contextos.

Se tomarmos como base alguns princípios explicativos presentes em parte das tradições afro-brasileiras, veremos que o mesmo fundamento que reside no corpo é também o que compreende a noção de caminho. Essa é uma das defesas feita na Pedagogia das Encruzilhadas[57] quando se ressalta/reivindica "Exu como educação". Nesse caso, o orixá, lido como inscrição de uma sabedoria ancestral, ecológica, cósmica e comunitária negro-africana e diaspórica, compreende princípios explicativos de mundo que são identificados como fundamentos do fenômeno educativo. Linguagem, diálogo, experiência, disponibilidade, afeto, caos, conflito, alegria, ambivalência, movimento, ritmo, contradição, inacabamento, ludicidade, circularidade, dúvida, brincadeira, jogo, palavra, boniteza, peleja e festa são aspectos que correm mundo em busca do corpo para tomá-lo e fazê-lo acontecer.

Tendo como base o rodopio político/epistêmico que reivindica Exu como educação, avançamos na compreensão de parte dos motivos que levaram — e permanecem investindo — à regulação do orixá como sendo algo demoníaco. A colonização como uma empresa de produção de violência, desvio, trauma, objetificação, mercantilização e humilhação das pessoas colonizadas é um sistema que incide primeiro e diretamente no corpo. Cabe destacar que o corpo aqui é lido para além

---

[57] Ver Rufino (2019).

da sua fisicalidade e integra as dimensões do saber, da memória, do território, do rito, do mito e da comunidade. Todos esses elementos compreendem a noção de corporeidade[58] que rasura os entendimentos sobre o corpo delimitado por um modelo de racionalidade que se quer único. Dessa maneira, o padrão dominante soma a primazia da razão moderna ocidental com os pressupostos teológico-políticos da catequese para gerir uma experiência contrária ao corpo como núcleo de alegria, saber e força comunitária.

Um questionamento que devemos perseguir é: quais interesses e relações se estabelecem com as lógicas de dominação colonial quando o corpo é alvo de uma chamada educação que o aquebranta das suas capacidades de jogo, brincadeira, invenção, alegria e da tessitura de sentidos comunitários? Não podemos esquecer que a colonização, para além de seu caráter enquanto intervenção militar, se faz também como um projeto de molde escolar. A escola no Brasil, tal qual conhecemos, tem vínculos profundos com a catequese, que no curso da empreitada colonial não pode ser lida meramente como uma pedagógica da conversão da fé. Em outros termos, a catequese se faz por aqui como um amplo, sofisticado e violento sistema de propaganda e ensino de um mundo que se ergue em detrimento da violência, do desmantelo, da destruição e da subalternização de tantos outros. Nesse sentido, outro aspecto

---

[58] Ver Tavares (2020).

que se ressalta fortemente nesse modelo escolarizante é a intensa regulação, a repressão, a demonização, a criminalização e o adoecimento do corpo, suas práticas de saber, sentidos e pertenças comunitárias.

Nesse jogo de corpo, aqui reivindicado em termos capoeirísticos, que se faz como batalha e mandinga em meio a ginga, esquivas, pulos e deslocamentos, cabe lembrar que escola e educação para comer na mesma gamela precisam estar implicadas a responder de forma responsável. Assim, se há de caçar os vazios para desencadeirar aqueles que tomam a educação como pretexto de suas ações dissimuladas em prol da dominação e não do compromisso com o **outro**. Para esses, o que os corpos aprendizes da liberdade devem ceder é a queda: **oh, lá, oh, laí, já bati quero ver cair**... Se a educação acontece na imbricação entre vida, arte e conhecimento[59], é no corpo que ela se aconchega, vibra, se expande como linguagem, diálogo, cisma, curiosidade, amorosidade e batalha. O corpo é o tempo e o espaço primordial das existências, inscrever presença a partir do saber corporal[60] ressalta a dimensão do **ser sendo**. Em outras palavras, existir como contínuo movimento, dança, brincadeira, jogo e ginga.

---

[59] Aqui estabeleço diálogo com Kramer (2013) e Amorim (2003) a partir de seus estudos sobre Mikhail Bakthin no campo da educação e da pesquisa em ciências humanas.

[60] Ver Tavares (2012).

A educação acontece quando há disponibilidade para o encontro, para ser afetado, alterado, confluir e compartilhar experiências. Os processos educativos como uma dinâmica inacabada de botar a perna no mundo e se embolar com o **outro** têm no território corporal sua força. É no corpo que se expressa, sente e partilha a educação como ato amoroso[61] e prática de liberdade[62]. Nas catedrais erguidas para nos converter à força, a métrica existencial é um modelo de ser e saber em que o corpo é suprimido, desviado e decapitado pela lógica ocidentalizante. A educação capturada por uma agenda curricular que não reconhece o corpo como matriz, motricidade das experiências e dos conhecimentos, tende a manter e propagar o discurso sobre o conhecimento como um acontecimento restrito à atividade do pensamento, da abstração e de uma não integralidade do ser. Assim, a lógica dominante permanece vendendo um sentido de educação que é castrador, regulador, dogmático, não crítico e não vibrante.

Sendo a educação um acontecimento não exclusivo de um tipo de instituição ou uma única cultura, mas sendo um radical da vida e da diversidade que se expressa a partir da vivacidade de seus praticantes, somos aquelas e aqueles que, para além das violências sofridas, temos dobrado a aposta e feito do corpo

---

[61] Ver hooks (2021).
[62] Ver Freire (2014).

tempo/espaço de invenção e transgressão dessa lógica. Se o corpo será o primeiro lugar de ataque da dominação colonial, ele também é o tempo e o espaço dos contra-ataques. Dessa maneira, a educação como prática de liberdade é aqui também entendida como ações comprometidas com a descolonização, que perpassam seu reconhecimento como um fenômeno corporal.

Assumir o corpo e seus saberes como núcleo, chão comum e roçado dos processos educativos nos leva a reposicionar a educação diante dos pressupostos coloniais. Tendo o corpo como um dos fundamentos dos processos educativos, confrontamos os discursos políticos/epistemológicos que subordinam e hierarquizam o corpo em detrimento de uma dita atividade do pensamento que não assume a integralidade do ser. Em sentido contrário às lógicas decapitadas, assumimos o corpo como pulsão ecológica, ancestral, chão das experiências, memórias, comunidades e aprendizagens que em sua diversidade, movimento e relação com o mundo compartilham, assentam e roçam conhecimentos. O corpo como chave conceitual e disponibilidade filosófica para pensar a educação contribui de maneira afirmativa para a crítica à violência colonial como elemento estrutural e estruturante desse mundo, principalmente como produtora de uma semântica que rege os contratos de dominação racial, gênero[63] e antropocêntrico[64].

---

[63] Ver Gonzalez (2020) e Mills (2013).
[64] Ver Ferdinand (2022).

O corpo brinca, ginga, inventa, desdiz, gargalha, abraça, grita, corre, e isso incomoda aquilo que diz ser educação, mas é na verdade catequese. Não há possibilidade de mirarmos um Brasil mais justo, saudável e responsável com seus praticantes sem que essa mirada seja tomada por um compromisso educativo. A descolonização como processo a ser perseguido e reafirmação do compromisso com a vida é também uma tarefa educativa/educadora, que implica em reconhecimento e reposicionamento do corpo em seu caráter político e epistemológico. A educação se canta aqui não como promessa. Fugimos da promessa para sagrar a educação como rito cotidiano, comunitário, brincadeira de roda, brinquedo de vida e morte, jogo de batalha e mandinga. Se a educação como descolonização é uma premissa do vencer as demandas lançadas, e se catarmos, cantarmos a folha para avivar a nossa banda é botar o corpo na roda, a defesa agora é trocar a mão pelo pé, o pé pela mão. Em outras palavras, saio em defesa da educação como jogo de corpo que implica as artimanhas de negacear, esquivar, não ser pego, saltar no vazio, gargalhar na cara, fechar o corpo para que não nos vejam, não nos alcancem, e dar passagem para os ritos que alegram e fortalecem a comunidade. A educação como uma prática mandingueira que se lança taticamente no desencadeiramento dos arrogantes que não admitem a diversidade do mundo.

Os mandingueiros, uma espécie de peripatéticos daqui dados aos jogos circulares e aos conhecimentos metafísicos do lugar, inventaram a capoeiragem, um tipo de brinquedo de batalha que trata o corpo em sua integralidade e complexidade[65]. A capoeira como prática de cuidado comunitário faz do corpo também uma espécie de arma[66], pois se expressa e codifica no contexto de uma guerra e na emergência por libertação. A capoeira é, em suma, um modo de educação, assim como o samba, de que falamos no início, e tantas outras invenções tramadas por aqui. Modos de educação que têm o corpo e tudo que ele pode dar[67] como fundamento de seu saber. O corpo é também o meio que resguarda o saber comunitariamente tecido e compartilhado. Os mestres da capoeiragem, ao contrário do que muitos doutos pensam, não passaram suas vidas apenas dando pernadas aleatórias. Na verdade, o racismo epistêmico e a intensa regulação perpetrada por uma contínua produção de injustiças cognitivas não querem reconhecer que, por meio da ginga, se inscrevem maneiras sofisticadas de pensar a vida, suas práticas e saberes[68].

Na vida, o mestre, sabedor das manhas do corpo, diz ao aprendiz: *para eu fazer o movimento e conseguir pegar*

---

[65] Ver Sodré (2022).
[66] Ver Tavares (2012).
[67] Menção à filosofia de Mestre Pastinha. Ver Rufino (2020).
[68] Destaco a grande contribuição de Julio Cesar Tavares (2020) e a relevância de seu pensamento na formulação de uma teoria sobre a "ginga" como inscrição de uma política cognitiva e projeto ontológico da diáspora africana.

o cara, eu preciso estar em dúvida. O mestre insinua um movimento de entrada de uma rasteira. Porém, logo em seguida, é interpelado por um dos alunos: *mestre, me desculpe, mas como você vai conseguir entrar estando em dúvida? Ao invés de estar em dúvida, o senhor para pegá-lo não deveria estar certo do que vai fazer?* O mestre para, fica em silêncio por alguns segundos e responde: *eu entendi o que você quis dizer, mas nesse caso para eu ter certeza do que eu vou fazer eu não tenho que estar certo, não, mas, sim, tenho que estar em dúvida.* O aluno mais uma vez o questiona: *mas como assim mestre?* O mestre responde — e se já fosse jogo, antes da resposta, viria a rasteira: *rapaz, se eu estiver certo do que eu vou fazer, eu estarei errado porque com a minha certeza o cara com quem eu jogo vai saber das minhas intenções e não deixará brecha para eu entrar. Assim, eu preciso estar em dúvida, para que ele fique em dúvida também sobre o que eu desejo fazer. Se eu nego, ele não saberá das minhas intenções, aí na brecha que ele der, eu entro.*

Se me perguntam onde está a educação, eu logo negaceio. Ela pode estar aqui, como acolá. **Tira daqui bota ali, tira de lá bota cá...** Seja onde estiver, ela há de caçar e catar um corpo para se aconchegar e vadiar feito dúvida, jogo de pergunta e resposta, de dentro e fora. Estando no corpo como coração, patuá e pernada, acredito que ela deve ser algo parecido com a capoeiragem.

Era eu, era meu mano, era meu mano e era eu

Iê volta do mundo...
Iê que o mundo deu...
Iê que ainda vai dá...

Seja na grande roda da vida ou na pequena roda do jogo, quem tem o nome lembrado não morre, pelo contrário, quando a chamada é feita o caboclo responde, baixa, brinca e batalha. Quantas luas se passaram para que a gente entenda que esse tal tempo do "progresso" nos plantou uma mentira, um quebranto que torna dissonante os nossos sentidos, alguns, hoje, já quase esquecidos. É aí que o mundo dá volta e o jogador, que lê mandinga, faz a volta nele. Serpenteamos nesse tempo circular[69], o que acontecia ontem se passa também agora, qual será o jeito que o corpo dará para responder as demandas lançadas? **Vamos-se embora camarada, camará é hora, é hora...** Se benze, fecha o corpo, baixa no pé

---
[69] Ver Martins (2002).

do berimbau e saí para mais um jogo. O que não falta por aqui é batalha, logo uma termina a outra se inicia: **Oh sim, sim, sim! Oh, não, não, não! Hoje tem, amanhã não! Hoje tem, amanhã não...**

Vivemos um tempo de guerra, um tempo que dura mais de cinco séculos. A colonização é o que marca esse tempo, um evento inacabado que instalou as vigas que construíram e sustentam esse mundo que não é possível para todos. Por isso, ela nos atravessa, planta suas bases no mais profundo e sensível de nossas existências, nos adultera para que sejamos servis. Como nos soprou o preto-velho revolucionário Frantz Fanon, em seu caráter não se ergue civilidade, mas violência, destruição e humilhação. A colonização, ao contrário do que muita gente pensa, não é um fenômeno datado e não se limita a dominação e gerência de um território por parte da metrópole. Ela é mais. Consiste em um assombro que se manifesta nas diferentes formas de terror presentes até os dias de hoje.

Suas marcas estão em tudo, suas obras se impõem diante de cada passo dado nas margens e nos cantos dessa terra obsediada pelo olho grande do projeto contrário à vida. Da cara de pau de inventar descobrimentos, de reduzir a diversidade do mundo ao **outro** do europeu, da intervenção militar, da catequização, da guerra justa, da plantation, dos estupros, torturas, esculachos, mercantilização de tudo, seja gente, água ou fé. As raízes das catedrais coloniais são profundas e firmam um Brasil que se amortalhou nos ternos dos "homens de bem". Esse Brasil que penhora seus viventes na instalação de uma "bancocracia" vê na mortandade o impulso para o lucro. Afinal, a riqueza para eles é um ideal de grandeza ancorado na escassez, na pilhagem de corpos e no desmantelo do mundo.

Pisando rasteiro e atento aos movimentos do mestre no jogo, ato uma pergunta: qual é a possibilidade de existir plenamente diante da imposição desse trauma instaurado aqui há mais de cinco séculos? Essa é uma questão que mobiliza a educação em sua radicalidade. A educação como fundamento do vivo, da ética e da capacidade que cada um de nós temos de nos inscrever na relação com o outro como uma resposta responsável. A educação como **prática de liberdade**, ação dialógica e amorosa implica na libertação dos seres submetidos ao cárcere existencial e no rompimento com as lógicas de um sistema que estabelece contratos sociais regidos pela produção de oprimidas e oprimidos.

Dessa maneira, se a educação se lança como um dos fundamentos da vida, das suas diferentes manifestações e da capacidade de nos inscrevermos no tempo, o enfrentamento à violência e ao esquecimento perpetrados pela lógica colonial demanda pedagogias próprias. Essas pedagogias emergem não como métodos cristalizados por obsessões cartesianas, mas como fazeres insurgentes, táticos, atentos às diferentes formas de sentir, fazer e pensar nas margens do planeta. Encaro a educação como um modo de tecer pertencimentos, circular experiências e roçar esperanças, por isso tenho apostado que a sua principal tarefa nessas bandas do planeta é praticar a descolonização.

É necessário convocar, compartilhar e inventar formas de desaprendizagem do cânone[70]. Praticar uma espécie de capoeiragem com o modelo que se quer único e investe na apreensão das presenças, dos saberes e na instalação de dispositivos de poder colonial. Caçar os vazios deixados por esse projeto de dominação e disferir de pernadas as palavras de força que mobilizem o reposicionamento dos seres que são violentados. Garantir nesse jogo formas de justiça social, cognitiva, e o reencantamento do mundo. A tarefa da educação é criar condições para um **vir a ser** em que as potencialidades, autonomia, liberdade e dignidade não sejam restringidas, mas orientadas por uma ética.

A pedagogia, por sua vez, atrelada ao ideal da educação, busca quais ações podemos exercer de maneira crítica e coletiva para que tal fenômeno se dê de maneira justa, equânime, amorosa e responsável. Nesse tom, educar é sempre um processo de alteração e responsabilidade com as diferenças, por isso a emergência de desaprender dos parâmetros que se proclamam o único caminho possível. Esquivar da arrogância e da prepotência de modos que não condizem com a diversidade do mundo, que a partir do seu narcisismo europeu e neurose cultural[71] praticam

---

[70] Ver Rufino (2021).
[71] Ver Gonzalez (2020).

uma política totalitária que de maneira dissimulada vende um universalismo excludente. A educação como tarefa de descolonização implica o exercício de outro modo de existirmos, habitarmos e atravessarmos o tempo que não sejam os postulados, pregados, impostos e vendidos pela empresa colonial.

A descolonização se faz, a meu ver, não como um passe de mágica, não se reduz à proclamação de independência, muito menos ganha força sendo utilizada como fetiche conceitual. Ela é um roçado de práticas cotidianas que insurgem contra o estrangulamento do mundo e o desperdício das experiências sociais dos povos submetidos aos seus ditames. A descolonização deve ser encarada como **palavra geradora**[72] que mobiliza vibrações combatentes da escassez, do encapsulamento do tempo e do quebranto dos ciclos vitais. Tecidas nos modos de fazer dos praticantes desse lugar, as **palavrações mundo**[73] **dos condenados e oprimidos** daqui como um surdo de terceira ritmam o sincopado que contraria e atazana o caráter monológico desse modelo produtor de dicotomias.

Firmo com os mais velhos desse jogo que cruza amor e fúria, a descolonização se dá na medida em que o colonizado se reconhece em meio à guerra em que ele foi lançado[74]. Sem direito a escolha, mutilado pela

---

[72] Ver Freire (2006).
[73] Ver Freire (2006).
[74] Ver Fanon (1968).

ambivalência, asfixiado pelo peso do mundo que lhe foi imposto, cambaleante na condição de ser enquanto a cada passo tentam incutir o seu desvio existencial, o colonizado se rebela, finta, rasura, cospe, maldiz, cria. A descolonização é um riscado de batalha, um **cruzo** em que a virtuosidade amorosa não deixa de ser uma faca de ponta. Se podemos dizer que a colonização é uma guerra secular que permanece até os dias de hoje, podemos dizer também que ela não se sagrou vencedora por aqui, uma vez que há inúmeros registros de transgressão, rasura, invenção e invocação da vida contra essa empreitada.

Lançados a esses campos de batalha, haveremos de nos armar com as mandingas dos caboclos desse lugar — ler esse mundo com os dizeres que nos foram impostos não é suficiente. As gramáticas maternas, as tecnologias ancestrais, os princípios comunitários, os chãos, matas, águas e corpos daqui são leituras que precedem as das línguas que reduzem subjetividades e tentam conformar outros sentidos de mundo. Por isso, devemos fazer perguntas que vibrem em outros tons e mobilizem forças que combatam essa lógica perversa. O caboclo negaceia, pede volta ao mundo e, agachado ao pé do berimbau, amarra o verso: como **esperançar** em um tempo de profundo desencanto?

O movimento banhado na utopia atravessa o tempo e encarna a tensão entre a denúncia de um mundo cada vez mais inaceitável e o anúncio de um tempo a ser erguido por aqueles que estão nessa roda. A esperança, como nos lembra o caboclo Freire, não é meramente uma alternativa, mas um imperativo existencial, político, ético e estético daqueles que são atravessados pelo trauma colonial e seu contínuo de violência e desigualdade, e por isso fazem da vida um curso de reinscrição da história.

Vem jogar mais eu, vem brincar mais eu, mano meu... Por aí existe quem o pinte como Deus e o diabo, se esquecem que meu mano é parido em uma terra livre do pecado onde, ao mesmo tempo, ninguém é santo. Daí, não adianta cercá-lo em uma das bandas de um mundo cindido, pois o caboclo nos convoca ao diálogo. Vida, arte e conhecimento se integram em seu ser educador, que em suas inscrições pedagógicas revela o comprometimento e a luta com a principal tarefa da educação: invocar a vida e fazer dela um ato de amor e responsabilidade ao outro.

O lá, o lá ê!
Já bati quero ver cair!

A educação vibrada e defendida por Freire ao mesmo tempo versa e emana as energias de um Brasil profundo, popular enquanto esfera pujante da diversidade de saberes de sua gente. Combativas ao elitismo, à ortodoxia da agenda curricular e aos privilégios fincados nos alicerces coloniais, as pedagógicas freirianas não titubeiam em se reivindicar como fazer político de responsabilidade cognitiva implicado ao caráter **plurilinguista**[75] e **pluriversal**[76] do mundo. Revolucionária como um menino e firme como a pisada do velho, ela integra dimensões que são capazes de atravessar o tempo e permanecerem imantadas de vivacidade. Assim, ela acontece de maneira sensível e com os pés no chão, como modo característico daqueles que são capazes de dobrar a morte pela beleza e pela arte do encanto. Ela não mira o acúmulo de nada, mas a transformação da experiência em liberdade, esperança e utopia.

Esperança e **utopia**, palavras de força que atualmente podem ser lidas como fora de moda, mas que no fundo nos chamam a pensar o conflito como dimensão estruturante da educação e da liberdade. Ao contrário do que a catequese buscou nos ensinar, dissimulando suas práticas de escolarização, se a educação é inerente à chamada condição humana, não há uma única forma de educar. A variedade de educações corresponde à diversidade de formas de ser e saber. Por isso, nos dias de hoje, devemos lembrar a patente teológico-política e bancária das investidas que querem destituir da educação o seu caráter político. Assim, mais do que contradizer o próprio fenômeno educativo e fazer uso da palavra apenas como um simulacro, a defesa de uma educação que não seja política se coaduna com a longa história da empresa colonial nessas bandas.

---

[75] Ver Masolo (2010).
[76] Ver Ramose (2011).

A educação é como ginga, experiência e manifestação do ser expressa como saber corporal que nos lança no jogo da relação. Um brinquedo de guerra, que se atenta às belezas do mundo e nos deixa atentos a batalhar por elas. Dessa maneira, ela é um fazer produtor de cismas, perguntas, curiosidades, brincadeiras, caoticidade e crítica. Não se tem ginga sem alteração do ritmo, sem preencher com o corpo o vazio deixado pela síncope. Dessa maneira, não há educação enunciada a partir de um padrão de existência nem subalternizando outros modos. Educação é um acontecimento dialógico que nos mobiliza a identificar que a única possibilidade de sermos iguais é no reconhecimento e no trânsito de nossas diferenças. Por isso, ela é primordialmente de caráter ético e estético e só é possível de se dar na concretude da vida, nas suas práticas, nos movimentos e transformações.

Nas voltas que o mundo deu, nas voltas que o mundo dá, no Brasil de hoje o caboclo Freire, excomungado como mau cristão por saber ir ao campo de batalha, brada com valentia: *negam a mim a condição de educador, por ser demasiado político, porém são tão políticos como eu. Certamente, contudo, numa posição contrária à minha*. Ruins de jogo e de ginga, os defensores da retidão não sabem dobrar uma esquina, por isso insistem em nos convencer de que é um sucesso a reprise do **BBB** na colônia: a **bala**, o **boi** e a **bíblia**. Por aí, fica fácil compreender o porquê das tentativas de cancelamento de Paulo Freire em uma terra assombrada pelo carrego colonial. Ao contrário do que muita gente boa pensa, essas tentativas não se dão somente pelo tacanhismo dos devotos do terror, mas também pelo entendimento de que a obra de Freire é uma ameaça à manutenção das performances da dominação. Ao estabelecer interlocução com pensamentos advindos da chamada crítica ao colonialismo, Freire avança na leitura questionando como a lógica colonial opera produzindo alienações, dependências, e retroalimentando as relações entre colonizador e colonizado, oprimido e opressor.

Com o corpo fechado e cismado com essa dinâmica, a educação aparece cumprindo função tática na transgressão da lógica, pois ela emerge como uma motricidade inconformista parida da experiência dos oprimidos. Essa ação para ser libertadora não pode se seduzir por uma troca de posições, mas deve expurgar as marcas da hospedaria do opressor, imprimindo outras formas de relação. Não se faz colonização somente com investimento bélico, sua arquitetura é composta de muitas frentes. Sua lógica ganha força na medida em que ela produz desmantelamento cognitivo, desarranjo das memórias, incute o desvio e naturaliza a desigualdade. A colonização estabeleceu uma cultura de saques e rapinagem que não se limita ao furto das riquezas naturais, mas se concretiza também no assalto à dignidade existencial.

Nosso mano velho escolheu se atentar aos ecos da margem, às enunciações paridas nas fronteiras, ao transe das palavras. Sua obra, impossível de separar arte e vida, merece ser encarada com respeito e atenção por todas e todos nós, pois ela fala muitas línguas em uma única boca. Essas línguas confluem na condição ambivalente que é existir atravessado pelo evento colonização/modernidade. Entretanto, mesmo marcadas por diferenças, essas existências, temas vibrantes e geradores se encruzam na capacidade de desconjurar essa praga rogada.

Como todo bom jogador na roda, ele não passa ileso às rasteiras, cabeçadas e aos escorregões. Mano velho, aqui é jogo, **se jogar para mim eu pego, vou jogar pra tu pegar**... A ausência da ênfase nas problemáticas de raça, racismo, gênero e patriarcado em sua crítica à opressão faz com que muitos de seus interlocutores não credibilizem esses elementos como fundantes e estruturantes dos **contratos de dominação**[77] no Novo Mundo. A leitura dos oprimidos não atrelada a uma crítica étnico-racial e de gênero contribui para a manutenção de retóricas discursivas que margeiam a questão colonial, mas dão trato e acabamento ao problema ainda a partir de lentes ocidentalizantes. Seguindo nesse ponto, cabe salientar que, ao lermos sua obra, percebemos as marcas de pensamentos advindos de outras vozes da chamada crítica ao colonialismo, que não recebem o destaque nominal. Se a colonização se dá também como uma frente de produção de desvios

---

[77] Ver Mills (2013).

epistêmicos e semióticos, é fundamental hoje olharmos com atenção esses aspectos.

Interlocutoras de Freire, como bell hooks e Catherine Walsh, destacam a força de sua contribuição, assim como diálogos com outros pensamentos tão importantes quanto o seu e aspectos que o mesmo não alcançou. O próprio Paulo Freire, ainda em vida, acolhe parte das críticas feitas e faz valer a máxima da dialogicidade, fundamento da educação como prática de liberdade, quando defende o inacabamento dos seres e a busca em **ser mais**. Como ser errante que é, sem preocupação em se equivocar e por disponibilizar as travessias, Freire assume a contradição como parte do processo educativo e reconhece o caráter inconcluso do humano, daí o diálogo só ser possível se há um profundo amor ao mundo e aos seres: **não é possível a pronúncia do mundo, que é um ato de criação e recriação, se não há amor que o infunda**.

Nas voltas que o mundo dá, nosso mano velho se faz menino pela vitalidade de sua contribuição para a educação brasileira, latino-americana e mundial, mesmo que tenha uma parcela desse Brasil que o rejeita e nega o diálogo. A potência de Freire está na sua capacidade de rodopiar no tempo e se inscrever como um problema filosófico que nos leva a escarafunchar a educação e a política como tempos e espaços possíveis para a prática de um mundo livre de opressores e oprimidos. Mobilizadas por essa busca, as pedagogias versadas por ele nos convocam a entoar as palavras mundo imantadas de força e encanto plantadas nas margens do planeta. Talvez, uma das aprendizagens que nos seja necessária é o mergulho profundo nas margens. Dessa maneira, somos provocados a assumir esse fazer como tarefa pedagógica para transgredir a obsessão pelos caminhos retos de um projeto civilizatório que nega a encruzilhada como caminho. A propósito, não seria a encruzilhada o signo primordial do que ele chamou de **inéditos viáveis**?

A encruzilhada, para aqueles que sabem lê-la e praticá-la, não é entendida como uma situação-limite, mas como um campo de invenções e possibilidades que contrariam toda e qualquer ação monológica. Uma das apostas que faço, embalado também pelos movimentos do jogo e da ginga freiriana, é que a encruzilhada é um signo necessário para pensar a educação e a política. Essa aposta não se dá meramente por uma leitura apressada que se satisfaz em destacá-la como uma metáfora de interseções. A encruzilhada emerge como princípio dinâmico de toda e qualquer travessia, e cabe lembrar que a sua força mora nos seus vários caminhos e esquinas, mas também na **confluência**[78]. Podemos dizer que é ali que mora o seu dono, que, assim como a educação, tem uma característica ímpar, de circular no entre, ser a motricidade que propicia as coisas, as transformações, a multiplicação de soluções e a marcação do inacabamento do mundo.

---

[78] Ver Santos (2015).

A empreitada colonial em seus esforços de assassinar não somente gente, mas também linguagens e cosmologias, nos escolarizou com a cruz. Porém, como a **leitura do mundo precede a da palavra**, as encruzilhadas se mantiveram com suas bocas alimentadas e falantes firmando a máxima capoeirística de que a descolonização se faz também como campo mandinga. Em outras palavras, transborda para as dimensões sensíveis da existência. Daí, não é à toa que qualquer cristão que destoe da doutrina e faça da sua vida um propósito educativo será pintado por aqui como o catiço.

No tempo do agora, ao chamá-lo para o jogo precisamos cantar ao pé do berimbau que o senhor raspou o tacho da educação, a encarou como problema filosófico e fez da sua cisma itinerância, esperança e amorosidade. Com a palavra firmada nos quatro cantos do planeta, se mantém vivo, atento à roda e aos giros, em permanente atenção aos dilemas brasileiros, e nos ajuda a pensar a prática educativa em sua radicalidade. A educação salta encruzando experiência, diálogo, invenção, brincadeira, inconclusão e transformação do humano e de suas ações. Por aí, percebemos que ela é um efeito que **vira-mundo** imantada em nós feito as sabenças encantadas das encruzas. Talvez, por essa intimidade com a encruzilhada, no Brasil permaneça a cruzada contra a educação e seus praticantes, porque assim como seu patrono e mais velho nesse jogo, são também um catiço. Acertam o alvo antes de dar a pernada.

REFERÊNCIAS

ABIB, Pedro Rodolpho Jungers. *Os velhos capoeiras ensinam pegando na mão*. Cadernos Cedes, Campinas, v. 26, n. 68, p. 86-98, jan./abr. 2006.

ALVES, Nilda. *Decifrando o pergaminho — os cotidianos das escolas nas lógicas das redes cotidianas*. In: OLIVEIRA, Inês Barbosa de; ALVES, Nilda (Orgs.). *Pesquisas nos/dos/com os cotidianos das escolas — sobre redes de saberes*. Petrópolis: DP et Alii, 2008.

AMORIM, Marília. *O pesquisador e o seu outro: Bakthin nas ciências humanas*. São Paulo: Musa, 2001.

BENJAMIN, Walter. *Magia e técnica, arte e política — ensaios sobre literatura e história da cultura*. São Paulo: Brasiliense, 1994; 2012.

BRANDÃO, Carlos Rodrigues. A educação como cultura. Editora Brasiliense, 1985.

CANJIQUINHA. *Alegria da Capoeira*. Salvador: Editora A Rasteira, 1989.

CERTEAU, Michel de. *A invenção do cotidiano: artes de fazer*. 16. ed. Petrópolis: Vozes, 2009.

CÉSARIE, Aimé. *Discurso sobre o colonialismo*. Blumenau: Letras Contemporâneas, 2010.

FANON, Frantz. *Pele negra, máscaras brancas*. Tradução de Renato da Silveira. Salvador: EDUFBA, 2008.

FANON, Frantz. *Os Condenados da Terra*. Rio de Janeiro: Editora Civilização Brasileira S.A, 1968.

FERDINAND, Malcon. *Uma ecologia decolonial*. Tradução de Letícia Mei. São Paulo: Ubu Editora, 2022.

FERRARA, Luís. *Ubuntu e a Metafísica Vodum: o pensar filosófico a toques de tambor de mina*. Belo Horizonte: Letramento, 2020.

FREIRE, Paulo. *Pedagogia do Oprimido*. 17. ed. Rio de Janeiro: Paz e Terra, 1987.

FREIRE, Paulo. *Pedagogia da Autonomia: saberes necessários à prática educativa*. São Paulo: Paz e Terra, 1996.

FREIRE, Paulo. *Pedagogia da Esperança: um reencontro com a pedagogia do oprimido*. 21. ed. São Paulo: Paz e Terra, 2014.

FREIRE, Paulo. *A importância do ato de ler: em três artigos que se completam*. 48. ed. São Paulo: Cortez, 2006.

GLISSANT, Édouard. *Poética da relação*. Tradução de Marcela Vieira e Eduardo Jorge de Oliveira. 1. ed. Rio de Janeiro: Bazar do Tempo, 2021.

GONZALEZ, Lélia. *Por um feminismo afro-latino-americano: ensaios, intervenções e diálogos*. Organização de Flavia Rios e Marcia Lima. 1. ed. Rio de Janeiro: Zahar, 2020.

GROSGOGUEL, Ramón. *A estrutura do conhecimento nas universidades ocidentalizadas: racismo/sexismo epistêmico e os quatro genocídios/epistemicídios do longo século XVI.* Revista Sociedade e Estado, v. 31, n. 1, jan./abr. 2016.

GROSGOGUEL, Ramón. *Para uma visão decolonial da crise civilizatória e dos paradigmas da esquerda ocidentalizada.* In: BERNARDINO-COSTA, Joaze et al. (Orgs.). *Decolonialidade e pensamento afrodiaspórico.* 1. ed. Belo Horizonte: Autêntica Editora, 2018.

HAN, Byung-Chul. *Sociedade do cansaço.* Tradução de Enio Paulo Giachini. 2. ed. ampliada. Petrópolis: Vozes, 2017.

hooks, bell. *Ensinando a transgredir: a educação como prática de liberdade.* Tradução de Marcelo Brandao Cipolla. 2. ed. São Paulo: Editora WMF Martins Fontes, 2017.

hooks, bell. *Tudo sobre o amor: novas perspectivas.* Tradução de Stephanie Borges. São Paulo: Elefante, 2020.

KRAMER, Sonia. *A educação como resposta responsável: apontamentos sobre o outro como prioridade.* In: FREITAS, Maria Teresa (Org.). *Educação, arte e vida em Bakthin.* Belo Horizonte: Autêntica Editora, 2013.

KRENAK, Ailton. *A vida não é útil.* 1. ed. São Paulo: Companhia das Letras, 2020.

KRENAK, Ailton. *Ideias para adiar o fim do mundo*. 1. ed. São Paulo: Companhia das Letras, 2019.

KRENAK, Ailton. *Futuro ancestral*. 1. ed. São Paulo: Companhia das Letras, 2022.

KOPENAWA, Davi; ALBERT, Bruce. *A queda do céu: palavras de um xamã yanomami*. Tradução de Beatriz Perrone-Moisés. 1. ed. São Paulo: Companhia das Letras, 2015.

LIMULJA, Hanna. *O desejo dos outros: uma etnografia dos sonhos yanomami*. São Paulo: Ubu Editora, 2022.

MARTINS, Leda Maria. *Performances do tempo espiralar*. In: RAVETTI, Graciela; ARBEX, Márcia (Orgs). *Performance, exílio, fronteiras: errâncias territoriais e textuais*. Belo Horizonte: FALE/PÒSLIT/UFMG, 2002.

MASOLO, Dimas. A. 2010. *Filosofia e conhecimento indígena uma perspectiva africana*. In: SANTOS, Boaventura de Souza; MENEZES, Maria Paula, Epistemologias do Sul. São Paulo: Cortez, 2010.

MBEMBE, Achile. *Crítica da Razão Negra*. Tradução de Marta Lança. 1. ed. Lisboa: Antígona, 2014.

MENDES, Pedro Vítor Gadelha. *A Racialização dos Nordestinos em São Paulo: Representações na Imprensa da Década de 1950 e Relatos de Migrantes Idosos*. 210 f. Tese (Doutorado). Universidade Federal do Rio Grande do Sul, Instituto de Filosofia e Ciências Humanas, Programa de Pós-Graduação em Sociologia, Porto Alegre, BR-RS, 2021.

MILLS, Charles W. *O Contrato de Dominação*. Meritum, Belo Horizonte, v. 8, n. 2, p. 15-70, jul/dez. 2013.

MILLS, Charles W. *The Racial Contract*. Cornell paperbacks, 1999.

MUNANGA, Kabengele. *Rediscutindo a mestiçagem no Brasil*. Petrópolis: Vozes, 1999.

MUSEU VIVO DO SÃO BENTO. Disponível em: www.museuvivodosaobento.com.br/exposicoes/sambaqui-do-sao-bento. Acesso em: 22 abr. 2023.

NASCIMENTO, Wanderson Flor. *Da necropolítica à ikupolítica*. Cult — Revista Brasileira de Cultura, n. 254, fev. 2020.

OLIVEIRA, Eduardo David de. *Filosofia da ancestralidade como filosofia africana: educação e cultura afro-brasileira*. Revista Sul-Americana de Filosofia e Educação — Resafe, n. 18, mai/out. 2012.

PACHAMAMA, Aline Rochedo. *Boacé Uchô: a história está na terra: narrativas e memórias do povo Puri da Serra da Mantiqueira*. Rio de Janeiro: Pachamama, 2020.

PASTINHA, Vicente Ferreira. *"Improviso de Pastinha"*. Organização e Coordenação Editorial de Frederico José de Abreu. Salvador, 2013.

PIMENTA, Vítor Gonçalves. *Reverberações do chão afro-brasileiro em movimento na escola de samba acadêmicos do Salgueiro*. In: TAVARES, Julio Cesar de (Org.). *Gramáticas das corporeidades afrodiaspóricas: perspectivas etnográficas*. 1. ed. Curitiba: Appris, 2020.

PIORSKI, Gandhy. *Brinquedos do chão: a natureza, o imaginário e o brincar*. São Paulo: Peirópolis, 2016.

RAMOSE, Magobe. *Sobre a legitimidade e o estudo da Filosofia Africana*. Ensaios Filosóficos, Rio de Janeiro, v. IV, out. 2011.

RIBEIRO, Sidarta. *O oráculo da noite: a história e a ciência do sonho*. 1. ed. São Paulo: Companhia das Letras, 2019.

RUFINO, Luiz; PEÇANHA, Cinézio; OLIVEIRA, Eduardo. *Pensamento diaspórico e o "ser" em ginga: deslocamentos para uma filosofia da capoeira*. Capoeira — Revista de Humanidades e Letras, v. 4, n. 2, 2018, p. 76.

RUFINO, Luiz. *Pedagogia das Encruzilhadas*. Rio de Janeiro: Mórula, 2019.

RUFINO, Luiz. *Vence-demanda: educação e descolonização*. 1. ed. Rio de Janeiro: Mórula, 2021.

SANTOS, Antônio Bispo dos. *Colonização, Quilombos. Modos e Significados*. Brasília: Instituto de Inclusão no Ensino Superior e na Pesquisa, 2015.

SANTOS, Antônio Bispo dos. et al. *Quatro Cantos* (vol. 1). São Paulo: N-1 edições, 2022.

SIMAS, Luiz Antonio; RUFINO, Luiz. *Fogo no mato: a ciência encantada das macumbas*. Rio de Janeiro: Mórula, 2018.

SIMAS, Luiz Antonio; RUFINO, Luiz. *Flecha no tempo*. Rio de Janeiro: Mórula, 2019.

SIMAS, Luiz Antonio; RUFINO, Luiz; HADDOCK-LOBO, Rafael. *Arruaças: uma filosofia popular brasileira*. Rio de Janeiro: Bazar do Tempo, 2020.

SODRÉ, Muniz. *A verdade seduzida*. 3. ed. Rio de Janeiro: DP&A, 2005.

SODRÉ, Muniz. *Samba, o dono do corpo*. 2. ed. Rio de Janeiro: Mauad, 1998.

SODRÉ, Muniz. *O abraço do beija-flor e a viagem da educação*. Cadernos Selvagem, 2022.

TAVARES, Julio Cesar. *Dança de guerra — arquivo e arma: elementos para uma Teoria da Capoeiragem e da Comunicação Corporal Afro-Brasileira*. Belo Horizonte: Nandyala, 2012.

TAVARES, Julio Cesar (Org.). *Gramáticas das corporeidades afrodiaspóricas: perspectivas etnográficas*. 1. ed. Curitiba: Appris, 2020.

TIRIBA, Lea. *Educação Infantil como direito e alegria*. 3. ed. Rio de Janeiro: Paz e Terra, 2022.

TODOROV, Tzvetan. *A conquista da América: a questão do outro*. Tradução de Beatriz Perrone Moisés. 4. ed. São Paulo: Editora WMF Martins Fontes, 2010.

VIVEIROS DE CASTRO, Eduardo. *A inconstância da alma selvagem e outros ensaios de antropologia*. São Paulo: Cosac Naiify, 2002.

WALSH, Catherine. *Interculturalidade, Estado, Sociedad. Luchas (De) coloniales de nuestra época*. 1. ed. Quito: Universidad Andina Simón Bolívar/ Ediciones Abya-Yala, 2009.

1ª edição	julho 2023
impressão	rotaplan
papel miolo	pólen bold 90g/m²
papel capa	cartão triplex 300g/m²
tipografia	new york